金星生活智慧・叢書 01

一級棒父母 v.s. 一級棒子女

金星出版社 http://www.venusco555.com
E-mail: venusco555@163.com

袁光明著

金星出版

2

一級棒父母 V.S. 一級棒子女

出版緣起

《一級棒父母V.S一級棒子女》從字面上的意義，我們就可瞭解，這是一本與教育子女有關的書籍。一般市面上有太多教你如何去做的教育子女的書籍，方法雖多，但是否適合你目前狀況去實行不得而知？本社新出版的這本《一級棒父母V.S一級棒子女》卻是要清楚的點出父母在教育子女的過程裡，有許多是父母自身必須改進的地方。

嬰兒從呱呱墮地，就得到父母無限欣喜與關愛。望子成龍、望女成鳳的心意，沒有一天懈怠稍減過。但是曾幾何時，小嬰兒長大了，有了自己的主意，不聽話、唸書比不過人家要求卻比別人多。進而像野馬一匹、終日不見人影。再進而飆車、鬧架、無法克制。傷心的父母、頭痛、煩惱，成為心中永遠的痛楚！這些父母於是又有了宿命的論調。

真正需要檢討的是父母啊！

最近社會亂象非常多，飆車、青少年搶劫、殺人、盜竊、吸毒，販毒充斥在社會上每一個角落。青少年問題雖然是世界共通的問題形式。但是身為父母的我們怎能不動容正視這個問題呢？

作家袁光明在本書第一篇中即點出要教育培養出一個成功者，是每一個父母都做得到的事情。

『十年樹木，百年樹人。』我們可以知道教育是一個長期經營的事業。只要你生育了小孩，你便責無旁貸的開始了這個事業。事業做的好，你便是菁英中的菁英。事業做不好，所有的苦難苦果也會讓自己嚐遍。君不見那些弒父、弒母的凶嫌，他們也都曾經是父母的嬌嬌兒啊！

再則，父母的價值觀也是影響子女成長教育的主因。賭性堅強、好逸惡勞、貪求偏財，雖然有時只是小小的貪念，卻讓小孩有樣學樣，繼而發揚光大，鑄成大錯。

在這本《一級棒父母V.S一級棒子女》的書裡，或許你已發現某些特點你已做到。而某些問題是你未曾想到過的。總之，這是提供檢視自身為父母目前之教育方針是否合格的一本書。

有智慧的父母會大膽的投資子女的教育，激發子女的潛能，創造更有希望的明天。有智慧的父母，也會不斷的投資自己本身的教育，提昇自己的智慧架構，帶領子女進入一個更高、更深層的生命空間。

身為父母同時也具有深遠超的使命感。因為子女是父母生命的延續，也是父母理想的延續。身為父母真正要維持這個使命感，只有不斷的學習，並且與孩子一起成長，才可能達成。

在此，更再次的為各位父母加油！祝福各位都能從這本書中得到啟示。

金星出版社
編輯部

序言

一級棒父母V.S一級棒子女

在很多場合裡，經常有人會對我們做老師的人問道：如何讓子女愛讀書？怎樣的教育才是成功的教育法？如何才能使子女步上成功之道？成功的法則是什麼？

他們的問題包括得太廣了，我實在沒有現成的答案給他們。況且每一個人、每個家庭、每個父母的狀況都不一樣，而且在這些問題中，有大部份的問題，實在存在於能做一位『成熟人』的父母身上。並不只是子女必須去實踐的項目。

再則，我在一般的書市、圖書館中所見到的，都是建議父母如何去養育及教養子女的書。忽略了有許多問題是父母本身沒有想到的。一般也沒有用心去想的事。這些父母常常疑惑的要問：為什麼別人都可教導出來出類拔萃的成功子女？我也沒有比別人少做一點努力，怎麼我們家的小孩就會平淡不如人呢？

因此，我決定寫這本書『一級棒父母V.S一級棒子女』。告訴一些正在徬徨正在疑惑的父母們，『成功者的父母』是怎樣在思想的？『成功者的父母』是怎樣在規劃營謀的？『成功者的父母』是怎樣在夙夜匪懈的在打拼的？『成功者的父母』的怎樣在犧牲奉獻，努力將子女安全保送上『成功之壘』的。

這本書用了和一般談『子女教育』不一樣的角度，和已經或將要做父母的朋友們談『做父母的大氣魄』，談『做父母的大遠景』企望和每一位做父母的朋友共同努力、攜手並進，為自己創造一個新的奇蹟，同時也打造一位新世紀的真英雄出來。

作者　袁光明

10

一級棒父母 V.S. 一級棒子女

一級棒父母V.S一級棒子女

目錄

第四章 學習力、創造力、理解力是開發智慧、創造成功的金三角

第一章

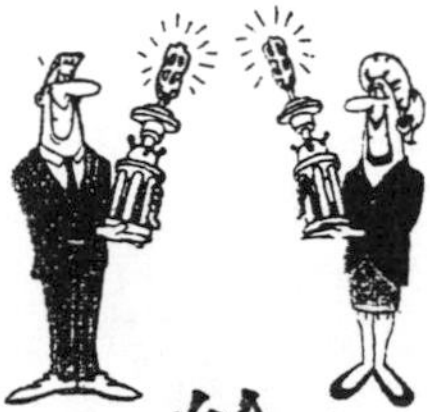

給偉大的父母們

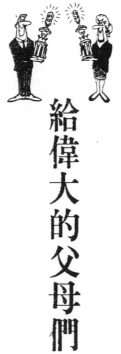

第一章
給偉大的父母們

人生是一種不斷的成長、蛻變，無止境的超越自我的旅程。在創造人生數個重大奇蹟般的成就之後，我們竟然發現人生中事業不是最重要的。財富的多寡也不是最重要的。在人生目標的追求中，還有比賺錢更重要的事情。那就是培養一個舉世絕倫、承襲於我們自己生命特質，也可能會超越我們的智慧，成就高於我們自己的這麼一個新體生命──子女。

每一個父母都是一流的科學家。雖然現在的科學，已能從細胞分生來複製動物或人類。但卻怎麼也造不出一個讓你肯爲他犧牲奉獻，至死不悔，一舉一動都讓你牽腸掛肚的這麼一個『人』。

剛誕生的子女在父母的眼中，是這麼的完美無瑕，宛如珍寶。**製作這個新世紀新生命的就是科學博士——父母們**。望著這個精美的傑作，怎不讓人滿意的欣喜若狂呢？

但是接下來的責任、義務，卻要讓你勞心勞力的來服務好幾十年，甚至於終生責無旁貸了。

新生命好比一部新的『超級電腦』，他需要最佳的硬體與軟體措施。親愛的父母們，你們有沒有想過，關於這部新的『超級電腦』，你們希望他具備什麼功能呢？是唯美派、裝飾一下，讓你們歡欣就好。還是需要成大器，多功能，頂天立地一番呢？

舉凡父母，在子女的嬰兒期便塑造出一幅龐大的美景，豎立起子女未來成就的里程碑。雖然即使是一個偶發的願望，都可能是子女人生里程碑裡重要的一個據點。因此，賢良的父母們，你們爲子女描繪的是怎樣壯闊的美景？爲子女豎立的里程碑夠高嗎？

倘若你真是一位滿懷信念，血統純正高貴，智商一百三十以上，身懷絕技，請爲你擁有的這部新的『超級電腦』——子女，製作最佳的程式軟體。造就他成爲新世紀的佼佼者，才不枉費你辛苦服務數十年的代價。也才讓你高貴的血統，聰明的智商不會有名節被毀的一天吧！

成功者的父母都有偉大的特質

雖然所有的光耀、光環都集中在成功者的身上，但成功者的背後必有一雙推動搖籃的手。倘若你是細心一點的人，你可以將目光透視過耀眼的光環，去搜尋那隻在成功者背後陰影裡的手。這時你才會恍然大悟，『一將功成萬骨枯』是怎麼回事了。

成功者的父母有那些偉大的特質呢

父母對自己的子女要抱著宗教般的信仰

雖然世界上的孩子有賢有愚、智商各有不同，脾氣與學習能力各異。但是每一個父母都要對自己的孩子抱著堅定的信念，也就是有如教徒對宗教般的狂熱信仰。才可能產生涵天蓋地的慈愛耐力，才能突破孩子在成長過程中所遭遇到的每一個教育的問題。

譬如說：愛迪生六歲才會說話，倘若是你的小孩，你是否早早的就去替他申請殘障手冊，讓他終生做一個殘障人了呢？

但是愛迪生的父母就不會，她親自教導他讀書識字，鼓勵他創造新的東西。這才造就了一個偉大的發明家。

八十五年高中高職聯考的榜首是一位患有腦性麻痺的學生，說話和寫字都不方便，但是成績竟然如此傑出。我們在電視訪問中看到站在榜首學生身後數尺的慈愛忠厚的父母，這是一對值得向他們致敬的偉大父母。不曾因爲孩子的殘障而丟棄他、冷落他、鄙視他。這是何等的耐力？若不是抱有對子女以宗教信仰的熱誠，那裡能一路辛苦的走來十幾年呢？

因此在談到成功者的父母有那些偉大特質時，對孩子要抱有宗教般的信仰是首要的條件。

成功者都從父母遺傳了堅強的意志力

大家都知道台塑集團的王永慶先生從小是米店的學徒，生活困苦。母親以種菜、種蕃薯、養豬維持家計。

今天我們再看這些台塑集團的首腦人物時，我們只看到財大氣粗的石化王國，多角經營的相關企業，我們看到的是他的財、他的勢。但是有沒有人想過？在他的努力的背後有一股強大的意志力是從何而來的呢？

正是遺傳自他的母親，一個刻苦耐勞的婦人。

再看李遠哲先生小時候，父親是一位教師，對子女的課業督促嚴謹，沒有這一板一眼，厚實堅強的刻苦意志，怎麼會有日後讓他獲得諾貝爾獎金的殊榮？

因此堅強的意志力是成功者的必備條件，但卻得自父母的遺傳。

成功者的父母都長於『自我分析』

成功者的父母都長於做『自我分析』，而且把這項特殊靈能，傳授給子女，促成其成功。

我們常看到一些名人、偉人刻苦成功的故事。有人會問：『我也很刻苦呀！爲什麼還不成功呢？』

成功必需有許多條件的會合。也許你刻苦的標準還未達成功的境地。最根本的問題是你對於自己的瞭解不夠。『自我分析』做得不好。也就是沒有自知之明。因此對於成功的方向也根本是辨不明的，如何能成就大事呢？

有好的『自我分析』能力，就會產生好的決策方式，努力去實行，這就是致勝的關鍵了。

成功者的父母，多半是子女的專職參謀人員

大多數的父母都很願意做子女的專職人員，給子女在人生的十字路口選擇方向做建議。但是有部份的父母常因爲溝通的關係、本身知識修養的關係、事業忙碌的關係，以及各式各樣的情況，而不能成爲子女的最佳參謀，這是非常可惜的事。如此的父母常常會失去的在子女成功關頭身臨其境的參與感。也使子女在成功的關鍵失去了最有力的支持出柱，這有可能使子女即將得到的成功打折或延遲。

最有名的專職參謀父母，當屬演藝圈中的歌星、影星的父母了。這

些被稱爲『星媽』、『星爸』的參謀人員，許多事件雖讓人非議，但其忠誠度與每日二十四小時終年無休的任勞任怨的精神，真是讓人不得不感動的。例如鳳飛飛的母親，即是最有名的超級參謀，對其演藝事業推波助瀾，推上高峰不遺餘力，當屬專職參謀的姣姣者。

企業家王永慶先生雖然將子女送往國外就讀，但是重視教育的他，也常常以寫信的方式，或坐飛機前去陪伴子女渡假的方式，做子女做人處事、人生方向的參謀家。

新上任的香港地區行政首長董建華先生，也因爲有其知明的船王父親董浩雲先生，刻意培養接班人，常常以自身的經驗、人脈、經營方針傳授給他，並成爲兒子最得力的參謀。

由此我們可以看出，子女的成功，父母付出了多少的代價呀！

成功者的父母，都有勤儉刻苦、高瞻遠矚的本事

所有的成功者都歷經許多的挫折、成長、憂煩與辛苦而達成的。沒有勤儉刻苦的本事、堅毅的個性，很早就會放棄不再努力，當然也不會嚐到後來的成功果實。

而成功者的父母，也多半具有勤儉刻苦的精神，讓子女從小耳濡目染、親身瞭解，不付出是沒法子收獲的，經過長久的努力，在形勢大好之後，成功就來臨了。

成功者的父母同樣也具有高瞻遠矚的本事。為子女預測未來，為子女選擇努力的方向。甚至為子女披荊斬棘，勇往直前的打頭陣。為子女挨罵、受罪、做惡人，就像鳳飛飛的母親是也。這難道不是高瞻遠矚的

事嗎？

成功者的父母，同樣也具有高度的自信與敏感度，他們知道自己的孩子是與眾不同的，這也是同樣是千里馬與伯樂之間的高瞻遠矚了。他們對於子女願意始終不悔的付出、投資在教育上的費用。因此**成功者的父母，會因高瞻遠矚的特殊才能而成為最好的投資家。最後也是投資報酬率獲得最多的人**。

宋朝詩人蘇東坡有一首『洗兒詩』是這樣寫著：

人皆養子望聰明，
我被聰明誤一生，
唯願孩兒愚且魯，
無災無難到公卿。

我們從這首詩中，不難發現蘇東坡當時是多麼落寞無奈的。思想又極其灰色。我們也可從這首詩中發現蘇東坡爲人父母是不及格的。因爲蘇東坡自身從官的不得意，而對子女的教育產生消極的放棄態度。惟願孩兒愚且魯。子女既然愚且魯，還有可能到公卿嗎？

我曾見到有爲人父母者，以此詩來怡然自得，他們所喜歡的大概正是那最後一句『無災無難到公卿』了吧！

但是蘇東坡都沒有騙倒自己，他們爲什麼已然被騙倒了呢？真是有些滑稽了。

如何培養新世紀的成功者

很多人都驚訝於『新世紀』的來臨，怎麼這麼快？新世紀已然來了呢？倘若你什麼也不做，新世紀還是會一分一秒的過去的。我們爲什麼不在這個時候好好的想一下，未來的新世界會是個什麼樣子？我們的子女將在新世界裡度過大部份或整個的生命，他們在新世界裡將可以扮演何等成功的角色呢？

如果你是一位站在科技尖端的工程人員，你一定知道未來的新世界是以科技爲主發展的時代，不但人人必需學會操作電腦，必備一些科技的常識，就連家庭生活也是科技化的形式，『微電腦』控制了一切的家居生活。

如果你是一位勤勞的上班族，在你的新世紀時代，可能就會有兩極化的生活出現。在辦公室一切都是用電腦科技在辦事，一板一眼，快速而確實。在家居生活裡你卻想脫離科技的桎梏，或者稍為懶散鬆弛一下。

無論如何，**新世紀成功者被認定的形象就是科技的、確實的、賺取較多利益的、智慧的、決定性的、能影響他人的、健康的、安全的、當機立斷的、關係好的、專業的……等等。**

做父母的人，如何來培養新世紀的成功者？讓自己的子女在新世紀的洪流裡嶄露頭角呢？這是每一位用心做父母的人希望，現在讓我們來談一談。

哈佛教育學院的心理學家嘉納所著作的《心理架構》（Frames of mind）一書中指出，人生的成就並非單靠ＩＱ一項的智能，而是多方面的智能所形成的。

嘉納將這些智能分為七大類：**一、語言**（文學家、人文科學家）。**二、數學邏輯**（物理科學家、工程科學家）。**三、空間能力**（藝術家或建築家）。**四、體能**（舞蹈家、運動員）。**五、音樂才華**（音樂家）。**六、人際關係技巧**（如治療師、人權領袖）。**七、透視心靈的能力**（如佛洛伊德等心理學大師）等等。

我們從上述智能中就能瞭解，每一項的智能縱然是單獨發展，也都能邁向成功的頂峰。但是這些行為必須裝上特殊的『導航器』才能發射成功，直中『成功』的命脈。

這個『導航器』也是多重組合的結構

時間的控制力

堅定剛毅的潛意識

知識重組的爆發力

很多人即使是給了他環境的優勢，給了他優先的起跑點，也學了很多方法，作了很多努力，仍然無法直搗黃龍的進逼成功的境地，創造佳績。這個問題就是『導航器』出了問題。『導航器』中的三元素失調所致。

時間的控制力

時間的控制力，其實就是時間管理。一位好的棒球運動員，他懂得在什麼時間，什麼狀況下投出好球、壞球以三振對方的球員。更懂得在緊要關頭奮力一搏，來救自己的隊友。每一個驚險的球技，實則都控制著球場每一位觀眾炙熱澎湃的心，和決定勝負成敗的關鍵。

每一個人在一生中投出的變化球無數，每一個重要的抉擇都是一個變化球。好球、壞球全靠個人自己決定。如何讓子女瞭解何時該投何種球，拿捏準確？父母自己本身便應先成爲投球高手才能傳襲給子女。幫助子女做最佳選擇。

堅定剛毅的潛意識

堅定的意識，有些是先天遺傳，有些是後天培養的。某些子女先天遺傳自父母的堅定剛毅的意識力，在父母教養子女時，因爲性格上有共同點，比較容易達成目標。後天培養的剛毅潛意識，則必是歷經挫折艱辛，在培養時同前者比較，而且常常會發生動搖。

堅定剛毅的潛意識『導航器』的發射過程裡是屬於火箭的部份，衝力十足，任何事物，只要鎖定目標，集中焦距，便義無反顧的直衝目標？根本不管中途會遇阻，會爆炸，會脫落後補燃料等等的事務干擾，一直奮勇向前，最後的成功總是靜靜的等在那兒。

後天培養的剛毅堅定潛意識，因為在先天性格中容易形成矛盾，容易無法脫離困難，故而在結構上是有瑕疵的。至少有三分之二的後天培養剛毅意識的人會被淘汰掉，只有三分之一的後天培養的剛毅者會成功。

知識重組的爆發力

在人類智能七大類的成就中，雖然每一單項類都別成一派系的學問。例如音樂才能看似與空間能力或是體能、數學邏輯等形式不太一樣。實則每一種智能都有其共通點，而且可以相互交換融合每種智能知識中某份的特性。例如音樂性才華裡，和體能智能中的舞蹈部份就有節奏、韻律共通性。音樂和數學邏輯中也有數字上的共通性。在利用這些知識來重新組合，重新製作一個威力極強的火箭。而知識重組的爆發力就是火箭的燃料部份。這也將是決定『導航器』品質優劣的部份。沒有高級品質的『導航器』是很難命中目標的。

如何培養新世紀的成功者

在培養新世紀的成功者的課題裡，爲人父母的人，尙必需另具備新的課題，例如：

1. 父母必需是一位好的『程式設計師』

父母必需將子女當做家中唯一的一部陽春型電腦，親自去學習輸寫程式的方法。有些父母可能本身是菁英人才，忙於自身的事務，想節省時間，結果只教了電腦術語給這部陽春型電腦，而沒有真正的做程式設計。因此電腦只能成爲廢棄的引擎一般，在父母老年時，望兒興嘆。

2. 父母必需是一位好的創業家

每一位父母親在喜獲麟兒、弄璋弄瓦之際，都已開始創立了您的史上最大事業——培養世紀成功者——養兒育女的行業。

某一些，想創業，卻又擔心太辛苦，風險大。或者是做了一半，又不肯認真做下去，當然這個創業就全然失敗了，自己一生的幸福不但毀了，也弄得亂七八糟。

父母在做創業家之前都必需有決心才行。在創業的過程裡，在遇到轉型期時（子女青少年時代）才可能做到成功轉型的重大成果。

每一個父母都要意識到是爲『自己』的公司在工作。成功率、失敗率也都是父母自身必需負起的擔當責任。而夫妻之間的關係就形成『事業合夥人』的真正關係，自己所屬的機構，也就是『創造新世紀成功者的專屬公司』了。

3. 父母必需是一位好的企業家

父母必需將子女當做全球百名內的大企業來經營。在大企業家的經營理念裡是不怕不斷變革的。他們在經濟不景氣時，也會大肆的裁員，在須要人才若渴的情況下，也不吝嗇投資人才的培育。父母應將子女的每一項才能都看做是大集團中的小單位。說不定有一天在『小兵立大功』的狀況下，子女的單項才能裡，會發展出石破天驚影響子女一生的成功境遇。事實上，這種情況是屢見不鮮的。

4. 父母必需是一位好的探險家

在任何人的人生旅途中都有起伏，不論是上山、下海，延路崎嶇總都有讓人『山窮水盡疑無路，柳暗花明又一村』的感嘆。在經營子女教育過程裡，這種『柳暗花明又一村』的狀況更是時常湧現。因此我覺得父母更必需是一位極好的探險家，可以隨時預測探險過程中會發生的驚險狀況，與以控制，從各個角度邁過，以躲避失敗的危險。

5. 父母必需是一位打拳高手

請注意，我說父母必需是一位打拳高手，並不是教你教育子女的方法用拳擊手來奏效。而是要你以學習『太極拳』中的『四兩撥千斤』的方法，做出對子女培養教育中全盤整合的觀念。

在從事培養新人類，新的成功者的過程裡，全然是一部探險小說，在整個驚險探險過程裡，你會從剛開始的躍躍欲試的急迫感，漸漸發展出『怎麼這麼難』的『可望不可及』，而又漸漸失去意志力、生產力而全然放棄。

請記住！放棄了這崇高的目標，其實就是放棄了你自己！你若想安安逸逸、無憂無慮的度過一生『安穩的日子』，在風聲鶴唳人人想成爲新世紀的成功者大環境中，能成爲你們做父母的『護身符』最好的方法就是加入『培養新世紀成功者』的行列，努力去打拼。這樣你才不會流落在老來孤獨後悔的角落裡。

成功教育法的圖像

我們常常希望在自己的一生中，能擁有叱咤風雲的際會人生，這樣才不辜負到此萬花世界一遊的因緣。但是對一個真正成功的生命智者，到底什麼才是『真正成功』的定義與法則呢？真正的成功者，不僅僅是應該富有多金，而且還必需擁有高度的道德涵養、豐富的學識、高品味的生活、幸福溫暖的家庭、以及希望無窮的生命力。

而我更認真的認爲，要能成功必須從年齡遞次增加中，學得轉型成爲一個通情達理的『成熟人』，凡事知情、達理、守法，使生命達到更趨於和諧進展的人，才能稍談成功。這便與單單只是事業、學業、智業成功，是有距離的了。至少後者只是單一功的模式，而不能真正稱爲成功的。因爲在後者的成功模式中仍是會有其他的遺憾存在。

很多父母有時候會覺得教育子女是一件很辛苦的差事。但是有更多的父母深信，苦是苦了一點，卻是非常有趣的經歷。

我們常常發現，那些能教育出優秀子女的父母們，都有很強韌的耐力，很會忍耐，這就是辛苦耕耘來『種善因』，在多年以後，而能『結善果』的智慧了。

而在人類成功格局的金字塔底層，常竚立的是下層社會的民眾，他們也很辛苦的在養育、培育子女，但是因爲耕耘培育的方法不得當，卻結出『辛苦的惡果』。

實際上，那一位父母教育子女不辛苦呢？同樣是噓寒問暖，朝朝暮暮的二十年，但是有的父母成功了，有的父母卻結出『辛苦惡果』與子女感情不睦，或是子女走上歧途，父母無法挽回。

因此我們在教育子女，勾勒『成功教育法』之前，就必需要事先明瞭，**到底怎樣的成就才算成功？及成功人生所包涵的正確圖像美景是如何？成功的方向在那裏？**

能夠實行真正成功教育法的父母，永遠在還沒上戰場之前，就已清楚勾勒出成功的圖像。他們永遠比別人先知道讓自己的子女在哪裡贏，贏多少？倘若只是一時的失利，也會知道自己的子女是如何輸的，輸在那裡？並且會再三的檢討給子女聽，而且繼續鼓勵子女，做子女的後盾，直到把子女安全送上一壘得分爲止，才會鬆一口氣。

這個真實的例子，我們在網球選手王思婷的身上可以清楚的看到。她的父親就是她的教練，每一場球賽在那裡輸？輸給誰？怎樣在下次把球贏回來。他更是清清楚楚：沒有檢討，沒有鼓勵，沒有做子女的後盾，這些成功會輕易的飛過來嗎？

因此子女每一場人生戰鬥的勝利，都是父母保送安全上壘的成功果實。

一個人的真正價值

一個人真正的價值，樂觀進取的人，價值二億元以上。頹喪悲觀的人，一文不值。

我常聽到一些國中、高中的青少年對生活與前途感到茫然，不知道自己爲什麼要念書？現在連小學生也開始茫然起來了，豈不令人訝異？生命真的這麼枯燥？生活真的這麼乏善可陳嗎？

其實我們知道，有許多父母也是十分茫然的。人一過了四十歲，事業無法進展，生活一成不變，夫妻各忙各的，與子女間的關係疏離。不知道自己是爲誰辛苦爲誰忙？這些在在都使人茫然若失。

一個人到底為什麼要活在世界上呢？一個人的真正價值到底是什麼呢？

也許你已思索過這個問題，也許你只是悶悶不樂，落寞寡歡，充滿了無力感與無奈，拖著一副臭皮囊繼續機械化的做著日常作息。

現在讓我告訴你一件有趣的事！

一個人的真正價值到底值多少呢？在一位教導《整合型藝術》的老師柯耀宗先生看來，『人』是一部會哭會笑，會聞香、聽音樂的價值『二億元』的超級電腦。

試想到目前爲止，世界上還真找不出來，有一部具有這麼多功能的全方位電腦呢！因此不要忘了喲！每個人的身價都價值二億元喲！

可是在我的看法看來，『人』應該還不止這個價值。『人』真正的價值更遠在二億元以上！

因爲二億元只是電腦硬體及軟體的價值，我們通常都會利用這些功能創造出超出其本身價值數十倍的價值出來。

當然，柯先生是位經濟學者，於是他把『人』的價值數字化了，而『人』在人文藝術的世界裡，其價值之高超是無法以數字來估計的。

於是由這個觀點來看，你還覺得自己是一無是處了嗎？

『人』只要活著，有理念，有作爲，精益求精，便是一部價值數十億元，價值不菲的電腦。

一個『人』真正的價值應該是在於『思想』的部份，思想可以幫助人創造許多優勢。

思想可以幫助我們受教育，幫助我們思考對我們自己有利的事情，也可幫助我們對自己所愛的人有所助益。

可是人卻常常懷疑自己。可能嗎？我值二億元這麼多嗎？

前幾個月有一則新聞令我很訝異。有一位畢業於碩士班的研究生和他的未婚妻雙雙自殺在公寓裡，留下了三十萬元和遺書給他唯一的妹妹，遺書中表明他倆對前途感到無奈和沒有希望，於是走上這一條黃泉路。

這位研究生父母雙亡，可能歷經困苦和挫折，而對人生產生厭倦。而輕易的丟棄了比平常人價值二億元還高數倍的超級電腦。

人生在世，有許多的苦難，人生須懂得『執著』與『不執著』的藝術，人生才會走得好，走得順利。

『執著』什麼呢？『執著』就是堅毅的精神，也是一種肯承擔的精神。用堅毅的精神去披荊斬棘，用肯承擔的精神去接受苦難。苦難是不會永遠存在的。它只存在於某一個時期。這個時期比較起你百年的人生，是何其短促啊！倘若在這樣一個短時期的苦難裡，就放棄了一個完整的人生，也讓你失去了日後成功與幸福的滿足感。

『不執著』什麼呢？人生的路有千百種，不需要執著走一條路。這條路不通，我們可以走另一條路，而人生充滿著無數的『機緣』。

『機緣』就是機會與緣份。有人在路旁，因爲回答一個問路者的問題，而得到一份工作。有人因爲搭飛機、和鄰座交上好朋友，而做了一份大生意。這些都是『機緣』塑造成的。『機緣』的力量無遠弗屆，可大可小，人活在世上就是個機緣。而且機緣無處不在，生生不息。

『機緣』就是希望，懂得利用機緣的人，生活較隨意自在。不懂得利用機緣的人，只能自閉在自己的閣樓裡，自憐自艾。

如何爲自己創造機緣，來發揚光大你這部價值二億元的電腦？好好的想一下吧！這將是一個非常有趣的題目。

第二章

替未來世界的成功者塑造未來

第二章

怎樣為孩子塑造未來

有能力培育成功者的父母，就有能力先預測未來。惟有知道未來，才能設定目標。創造洞燭先機的教育方式。

初次『做人』的父母，在小孩呱呱落地時的喜悅後，最急切的就是替嬰兒取一個好名字。金、木、水、火、土，筆劃、字型、唸音、推敲經月還不能決定。再接下來奶粉還要吃個二、三年，孩子還小嘛！談成功，未免太遠了吧？

這是絕大多數父母的心聲。

倘若你正是這個想法的父母呀！我在這裡要鄭重的告訴你，**你已讓孩子，輸在起跑點上了！**

這也可以說，你不但不是個聰明的父母。嚴重一點的說法，你也不是個盡責任的父母！

這麼說，你也許會抗議。

『給他吃飽、給他穿暖了，照顧他這麼好，孩子這麼小，你還想讓我們怎麼樣嘛？怎麼說我們還不算盡責呢？』人非動物，並不是吃飽穿暖了，就可以了此殘生了。

真正有智慧的父母，在孕育小孩之前，就已考慮到這個問題了。有些父母希望自己的小孩，在『錢』的方面成功。於是會努力給孩子留下很多資產。會計劃孩子學習經濟、金融管理方面的知識與經驗。有些父母希望子女『做官』，於是給子女留下官途的人脈。有些父母希望子女做學者，於是計劃讓子女多讀書，取得高學歷。

有些父母會說：『我們做父母的當然是希望孩子多讀一點書嘛！但是他自己不肯唸，我們又有什麼辦法？』聽起來好像父母也很無奈。

其實這正是父母從小沒有替孩子培養好的讀書習慣，以致孩子靜不下心來讀書。

1. 塑造未來應考慮的事

1.

『未來』所包含的意義有三年、五年、十年、二十年、三十年不等的含義。其過程有嬰兒、幼年、少年、青少年、中年、老年等等的含義。**我們應該將每一個時期都列在考慮之列，這才可能一氣呵成**，使考慮變得周到，且對『塑造未來』有一個完整性。

2. 爲孩子塑造未來的父母們，應自我檢討，自己**是否有長期的耐力、意志路、足夠的判斷力，展望未來的高敏感度，對未來科技世界的接受度，強力的學習程度**等等，能做出本身的自我提升的素養。

因爲五年、十年以後的世界或社會變化迅速，生存在這個現實空間的人，必須有不斷學習的求知性，才能生存得較好。

3. **為孩子塑造未來的父母們，首重孩子的教育問題。**

孩子的教於從零歲開始，便得時時注意不斷加強。

每一個孩子在歷經二十年的教育過程中，沒有一個孩子會不發生問題的，大大小小，或多或少，起起伏伏的教育問題，總讓父母傷透腦筋。

從要吃什麼樣的奶粉？讓孩子身體壯壯、頭腦棒棒。到唸什麼的幼兒園、幼稚園？公立、私立的小學、國中、高中，以至於大學等等。

雖然在表面上看來父母爲孩子設想很多，但是有一部份的父母常因經濟、家庭關係的變化，或是本身自我要求不高，而漸漸放棄對孩子的理想。有些父母從孩子國中時期，因孩子的叛逆期無法得到妥善的處理，而放棄對孩子的教育理念，任由他自由發展，其實是任其自生自滅。有些父母更早了，在孩子國小時期，或幼稚園時期，便放棄了對孩子的教育理想，這種種的問題，即是目前社會問題的根源。

父母教育子女應以子女的人格發展為重，學業智能的追求是僅次要的東西。有一些父母認爲孩子只要功課好就好了。任性、自私、刁蠻、不重紀律都是小事。熟不知這些小問題也是影響學業的重大關鍵。而且，一旦小孩在學業上稍也不如意的時候。自殺、墮落、迷失，更讓父母悔之莫之。

4. 未來的世界與社會勢將因科技的快速發展，而展現新的風貌。現代的父母不可固步自封，不但要跟上現代科技潮流的腳步，更要為孩子

預留未來世界的發展空間。

很多父母認為家中買了電腦，便是科技家庭，父母也成了有識之士。往往不數日，興致勃勃的投資，變成了束之高閣的裝飾品。

有上進心的父母，不但是自己學習電腦語言，也帶領孩子『活用科技』。因此**父母不但是個投資者，也是個引導者**。

有些父母速度較快，敏感力較強，已嗅到『科技』在未來世界的影響，於是不但自己迷信電腦，也鼓勵孩子迷信電腦，以電腦為終身信仰的依歸。他們為孩子塑造的未來就是：大學要唸電算系(電腦系)或資訊系，未來的工作一定要從事電腦業。

目前這幾年，電腦正在發展的過程，表面的榮景是非常的好，但是一窩蜂修習電腦業的結果，在未來的五年、十年以後，很可能會造成人材過剩的狀況，那時候修習電腦系的大學畢業生很可能一畢業便面臨和從事水電工、泥水工同等的待遇。

這種情形就很像二十年前，讀英文系是非常熱門的科系，電機系也是非常熱門的科系，醫學院更是熱門中的熱門。但是曾幾何時，一些學生在大學畢業後，英語系的學生在找工作時，因爲只懂語文，不會秘書類的打字工作，而變得無一技之長。出國留學時，又必需重新修習其他的科目。

電機系畢業的學生，多數要到工廠工作，簡直是一個工頭。現代的父母也不再熱衷子女選擇醫學院了，因爲醫生的待遇在目前來說也不算是最高的。並且工作時間太長，影響家庭生活。因此以前爲孩子塑造未來的父母們，有些是真的吃了很多後悔藥了。

2. 不斷學習『新能力』的專長，才是真正的專長

近年來，我們在各個大學錄取新生中發現，就讀文學院的男生，有顯著的增加，而且一年比一年多。某些科系甚至男女平分秋色，成了一半一半的局勢，這和多年前，男生一定要讀理工，女生一定要從文學裔，整個文學院中只有二、三個男生的情況，真是不可同日而語。

到底為什麼會發生了如此的變化呢？

是男生厭倦的理工科學的枯燥？

是男生又重拾了對文學、藝術的喜愛與趣？

經過我多次向就讀文學院的男生，做訪談調查，大致可理出一個頭緒。以下是我個人的一些觀感。

在目前社會環境中，男性學生的課業程度，普遍比女生低落(以高中、聯考成績做比較即可看出。女生錄取最低分，比男生錄取最低標準較高。)

而在目前社會的環境中，顯然女生較會讀書，但是女性的地位依然較低。很多政府機關，及一般的企業體的制度內較喜愛用男性做主管，男性的升遷速度也較快。

實際上，有許多的機關、企業都很明白的表示，在他們的體制內還有很大量的缺乏男性主管，或男性從業人員的。因此男性的學生在選擇職業、選擇未來、選擇學習的修業項目，其範圍就擴大了。

文職工作較為輕鬆

許多男性學生的考量是：與其辛苦的跟別的男性爭破頭的擠理工科系的大門，畢業出校門之後，只能到工廠中實習做研究。倒不如成爲從事文職、坐辦公室的白領階級。成就好一點的，做政府官員，圖書館、美術館的館長，生活愜意輕鬆也不壞呀！

再則是某些男生先天對文學的興趣，或是數理太差，根本無法走理工的路子，只有學習文科一途。

『行行出狀元』，在今天的社會上已是一個常態的狀況。不論你所學的是那一門專門的科學，是自然的也好，是人文的也好。只有不斷的學習開發『新能力』，就能展現專長。也就是只要努力去實踐目標，成果總是會展現的。

『專業』在今日的社會中已代表了崇高的知識地位。任何一種新的能力，新的專業，都造就了新的專才。

目前社會上又呈多元性的發展，不是只有理工科技人材便可以支撐整個大局的。需要更多層次、類別職業的人們來共同爲社會創造福祉。所以只要有能力，有專長的人都會得到社會的肯定。

預測未來再創未來的教育法

新未來帶給人們的無限希望

『明天會更好！』不但是大家口中常說的一句話，事實上也常存於人心之中。**未來的美景讓人們在憧憬中引發出更美好的希望。**

這些美好希望的內容中，包含了生活上、家庭裡、事業上以及息息相關對社會的一些希望。**我們每一個人都是踩在時代動脈上的**人，每一個人也都受時代的脈動所影響。倘若能與時代脈動同步跳動的人，則事半功倍，可快速成爲傑出成功的姣姣者。而錯失時代脈動的人，則常是時不我予，望未來而興嘆了。

怎樣來迎接未來時代的脈動，成爲同一陣線上的一員呢？

首先我們必須先預測未來世界的發展。這種預測並不是憑空來憶測的，而是由目前的世界狀況來推展研究出未來世界所要進步的方向。

預測未來世界

未來的世界將會成菁英化主控的世界

未來的世界，將會因科技的高度發展，而成為高學歷、高智能、高效能的社會。

在這個要求什麼都高的社會裡，你若想成爲人上人，就必需更高人一等，擁有更高的學歷、更高的智能、更高的工作效能、更高的EQ，才能統合這些原本已智慧無限的高級知識份子，成爲領導人或老闆。這就是菁英化主控的世界。

因此在未來的世界中，想要一步登天，一夜致富將會更加困難。故而我們不得不多爲我們的子女來著想，爲了更讓他們與競爭對手站在齊頭並進的起跑點上，我們不得不多花一些心思。我們首先要注意的是：未來世界能成爲菁英化的條件是：

一、擁有碩士以上的學歷（碩士將是最低的學歷）。

二、擁有至少一百五十以上的智商。

三、擁有積極、勤奮、耐心、績效等工作能力。

四、擁有正確的道德標準、高度的親和力、協調能力、領導能力。

你看看！這麼好的條件的人，豈不是快接近聖賢的境地了，如此的菁英，怎不讓萬人景仰、爭取，成爲未來世界的真英雄。

事實上，未來世界真是這麼發展的。倘若你的子女已具有上述條件中的一、二個，那你真是値得慶幸，因爲你已快成爲『成功者』的父母了！

未來的世界將會是擁有『創造性意念』的人的發展空間

有『創造性』意念的人，通常都有先知先覺的能力，他所預見的、感受到的未來世界，總是比別人先一步看到、瞭解到。這種特質功能，不但是一種潛能，也是一種特殊智慧。

能有『創造性意念』的人，不論世界的菁英化有多麼激烈的競爭，他都可以怡然自得、超脫出來。因爲他經常是『資源無限』;『機會無窮』，無須受困在緊張鬥爭的混戰裡的人。

因此，**父母常常激勵子女從事『創造性意念』的開發，不只是開發了他們的潛能，拓展了人生的發展空間，實則是一條成功之路的捷徑。**

未來的世界將是『時間管理』者的運動場所

我們常聽到『時間管理』這個名詞，以爲『時間管理』就是分配工作應用的時間而已。其實真正的『時間管理』是要懂得掌握調配時間資源，懂得把握時代的脈動。懂得掌握成功來臨的一擊。懂得與競爭者角力時，把握力道，讓對方疲累，而自己堅持到最後一刻，才是最後真正的贏家。

因此，父母應該時常提醒子女，在時間的運動場上，會做『時間管理』的人，將會是致勝成功的優先贏家。

未來世界將是『科技洪流』主軸的時代

未來的世界將是『科技』的時代，這是每一個人無庸置疑的事。『智慧型網路』不但侵入每個家庭，左右每個家庭中的每個人的生活，更改變了全球經濟的發展模式。人類到宇宙中其他星球去旅行，將成爲家常便飯，就像現在的人出國旅遊一樣方便。

未來的世界裡，喜愛追求安定，沒有變化的『傳統式人才』一定會遭到淘汰了，這些不懂科技，沒有融入科技洪流的人會在未來世界中失去生存能力而毀滅。

因此，親愛的父母們，若你真是還在意你子女的未來生存條件，請快一點協助他進入『科技主流』吧！以免遭到滅絕的危險。

未來世界將會是『人際關係』差異化的競爭世界

這一段講到未來世界中的人際關係是主宰成功的籌碼，相信很多爲人父母的人都有同感，而且非常同意這個理論了吧！

『人際關係』不但包含了親和力、協調能力，也包括了管理能力與領導力。在這些內容中，失一而不能致勝。**所有的人，都是在作『人際關係』差異化的競爭**。

有親和力的人，而沒有領導力，充其量只不過是一員小卒，永遠難當大樑，他們也可能成爲砲灰，永不被人所記憶。

有協調能力的人，而沒有管理能力，充其量也只爲『師爺』的人才，無法坐上主位。

所有的成功者，都是四種能力皆備的人。有才、有智、有擔當、有魄力，能領導、能管理，才使一切有系統、上軌道、水道渠成。

在未來的世界裡，能預測和再創造未來的能力，是許多父母在本身的教育裡都必需學習的能力，缺少了這些能力是無法教導子女在未來的世界裡與人競爭與抗衡的，沒有一位父母是可以糊裡糊塗的就讓子女踏上成功之路的。是故，預測未來與再創未來的教育法不但是子女要學，也是有企圖心的父母必修的課程。

安全感是創造成功人生的第一步

在當今的社會裡，不但父母心理有壓力，就連剛出生的嬰兒也同樣會受到壓力的侵擾。有些人不太相信這個事實，認爲這麼小的嬰兒，只會吃，只會睡，他又能懂得什麼？現在我們來看下面這個例子：

漂泊的教育方式會讓子女失去安全感

我有一位朋友，她的先生在商船上工作的，每年只有二個月休息在家。在孩子生下三個月的時候，適逢父親下船休息，一家人可共享天倫了。

先生好不容易回家，夫妻又很愛玩，帶著小貝比雖是很麻煩，仍不能放過休假的日子，每日馬不停蹄的從南到北都去走遍，出國旅遊也帶著孩子同去。

等先生結束假期上船工作了以後，這位媽媽每日面對的是一個必需時時刻刻抱在手上的娃娃，最後竟連吃飯、上廁所、洗澡都沒辦法放下，孩子整日啼哭不能安靜。這位媽媽心力交瘁、渡日如年的過著日子。因爲經驗不夠，她也沒有辦法改變狀況。只是不斷抱怨自己命苦，別人的小孩都很好帶，自己卻遇到這麼難帶的小孩，大概是來討債的吧！

孩子在四歲的時候，還不會說話。這位媽媽終於聽了別人的勸告，帶孩子到醫院檢查，發現孩子行爲發育遲緩，經醫護人員預估，竟只有十個月大小孩的心智行爲能力。這讓大人真是嚇了一跳！

小孩子表面上看來很好，能蹦能跳，非常好動，常常受傷，媽媽以爲他是『過動兒』。對人的攻擊性也很強，沒有一分鐘能夠停下來，除了真的累得睡著了。整日生活中不時的哭叫，真是一個讓人無法忍受的孩子。

朋友常常跟我抱怨，『真奇怪！父母的智商也不差，怎麼生出這樣笨的小孩？』

其實無需醫護人員的鑑定，我們旁觀者已經非常清楚的瞭解：這個孩子是在極度沒有安全感的狀況下，遲緩了某些學習的領域。他每日所關心的大概只是周遭變換的環境，和『媽媽在不在』的恐懼感吧！可惜這些問題一直不被這位心不在焉的母親所領會。

目前國小班級上有三十幾位小朋友，常常就有二至三位小朋友行爲失調、弱智等障礙，總人數加起來，人數眾多，將近十分之一的小朋友會發生學習困難的情況。

對一些願意重視教育的父母，適時趕快向特殊教育的機構求救，參加特教組織的教學訓練，可做一些亡羊補牢的工作。

胎兒在母體內即開始學習

嬰兒的學習能力，其實在母體內孕育時即已開始，他們在母體內傾聽母親心跳的聲音。母親說話的聲音，也藉由口腔傳至腹內，被胎兒所接收。因此嬰兒剛誕生之時，即能認識母親聲音的方向，而轉動頭顱尋找母親的位置。

剛誕生的嬰兒至三歲幼兒這個階段，是人類學習能力最強的時候，所有與外界溝通的能力都在此時形成。正是所謂『社會化』的建設，也在此時形成雛形規模。因此這是一個多麼偉大、重要的時期，也是影響一個人智能順利發展的時期。可惜很多父母並不重視這個時期的嬰幼兒，總以為孩子還太小，什麼都不懂，不用管他而任其自然形成。這種方式的教育方法，在小的時候沒有花心思力氣去引導，當然後來就必需花費更大的精力去補救糾正前面的教育，往往因為某些行為能力已經超過了學習的時間，而讓孩子跟父母倍感辛苦。

目前特教個案很多，大多數是因父母年輕，沒有把握教育時機，而產生的後遺症。這是值得我們去省思的。

吼叫的教育方式，會讓子女失去安全感

通常我們都以為會用吼叫方式來養育孩子的父母，差不多都是知識水準較低的父母。其實不然，某些學歷較高，甚至於在大學裡教書的教授們，也可能用吼叫的方式來教育自己或是他人的子女。父母會對子女

用吼叫的教育方式，一種是嚴厲，一種是不耐煩的心理狀況。

心理學中，有一種叫『優勢律』，此種**『優勢律』就是凡是生物皆會對優勢者先反應**。不但動物、植物如此，人類更是如此。子女往往被父母的吼叫震驚，愕然發楞，然後不得不服從。倘若這種狀況常常發生，子女即會造成沒有安全感的狀態。

我們常發現某些小孩，無論從嬰幼兒至青少年，甚至成年以後，仍會有失去安全感的後遺症。例如：木訥、愛發呆、口吃、尿床、自閉、愛哭、畏縮、流口水、說話時不敢正視對方、學習障礙、寫讀障礙等等的狀況。

有一位國中生的母親，去醫院的泌尿科請教醫師，她的兒子已經十三歲了，讀國中還尿床，是不是膀胱壞了？有什麼方法醫治？

這位醫師朋友詢問了國中生的情形，建議這位母親將兒子帶來我這裡和我談一談。

當我見到這位國中生時，發現他口吃得很厲害，從他對母親事事服從的態度上看來，這位母親顯然是很嚴厲的。母親生氣時，他口吃得也特別厲害。愈是這樣，母親就更生氣，覺得有這種孩子很丟臉面。這位國中生也就愈自責愈不知如何是好。如此的惡性循環，整個家庭形同戰場，每日放學回家就聽到的母親的斥喝聲，孩子的功課也一敗塗地了。

『優勢律』倘若用在別處，可能是很好的手段。但是用在此處，情況只會愈來愈糟。

我將這對母子分開單獨與其對談。我建議這位母親多忍耐不要發脾氣，因爲是她的急性子造成兒子重大的壓力。不要太在乎孩子口吃的毛病和尿床的事，儘量放輕鬆在孩子相處的時間裡，不要太逼迫追問孩子的功課，多傾聽孩子表達對周圍的感觸。不要立即指責糾正子女的口吃，慢慢聽他把話說完，多給他幾次應得的尊重，讓他重拾信心，口吃和尿床的問題都會變好。

我建議這位國中生，多留一點休閒的時間做自己喜歡的事情，要把做功課唸書的時間分配好，不要混在一起，想玩又不敢玩，然後又想玩，自動自發可以改變父母對他的看法，自己的身心也較自由。口吃的問題，只要慢慢說，想清楚再說，心裡的壓力減少了，自然會好了。

半年之後，我再遇到這位母親，她告訴我，她好高興，現在也不用再罵小孩了。兒子的口吃變好了，只是說話慢一點，也不尿床了，而且會自己唸書，不用人盯著了。

冷淡的教育方式，會讓子女失去安全感

父母會對子女採取冷淡的教育方式，一種是太重施工作賺錢，太忙碌，而對子女冷淡。一種是父母對自己本身的評價不高，例如自認知識學歷不高，或自認事業一事無成，而無法教導子女，故而用冷淡的教育方式對待子女。還有一種重男輕女的觀念，也會讓父母對女兒特別產生冷淡的教育方式。其他如收養關係，繼父母的關係都會產生冷淡的教育方式。

這種冷淡的教育方式最有名的，莫過於清朝慈禧太后對於光緒皇帝這段故事了。顯而易見的，冷淡的教育方式，讓子女失去安全感，其最終的效果都不太好。縱然是子女在最後的關頭，幡然醒悟、脫離自怨自

艾，遠離淒苦的命運，走向成功大道，但是也易成爲行爲怪異、個性冷酷、感情容易受傷、疑神疑鬼，不信任人的怪胎。這就是缺乏安全感的主因啊！

放任的教育方式，讓子女失去安全感

有一種父母，對於其自身的成長過程，似乎是遺忘了？當其子女誕生，接著從嬰兒、幼兒、少年、青少年成長的過程中一路走來，卻讓這種父母親大人一路帶著驚嘆號！

『天才呀！真是天才！』父母親讚不絕口，子女的一舉一動、一顰一笑，在父母看來都是完美無瑕，沒有修正的必要。

還有一種父母呢？孩子可以自己打罵，別人(包括父母親中的一人或家族其他的長輩)是沒有資格插手的。

這種情況，多發生在父母不和的家庭中，父母間都對彼此的教育方式不滿，或是父母彼此仇視，用子女做報復對方的棋子，而對子女採取放任的教育方式。無論如何，這些都是一種不正常的心態。

當子女在家庭中，只有放任，沒有約束的時候，對於外界的社會化關係是很難配合和融入的。這些小孩最常見的就是在外面不肯多說話，在家中可以鬧翻天。在外面很安靜，在家裡很吵。這種小孩的特點就是孤獨自傲，自以爲是。自卑感造成的自大，會愈來愈在這些人的身上看到。這些狀況也都是因爲不安全的感覺始終暗藏於心，而又不得不武裝起來，抗衡身心以外的世界所造成的。

放任的教育方式，雖然常常讓子女被寵愛、溺愛，但其內心不安全的焦慮感將始終揮之不去，而成爲其終身的負擔。

敵對與比較性的教育方式都使子女會失去安全感

在一次宴席上，有一位七、八歲的小朋友對一道湯特別感興趣，於是連喝了五碗，他的父母對他說：『喝這麼多湯！小心回家以後，我把廁所鎖起來，不給你上！』接著小孩子就開始和父母你來我往的胡說八道起來。

小孩說：『我要尿在你的車上、桌子上、衣服上。』

父母說：『你敢！你試試看！我會打得你滿地找牙！』

小孩又說：『……』

父母又說：『……』

這整個事件旁觀者是最清楚了，而且最後的結果也預先想像得到，顯而易見的等到孩子撒潑得沒法收拾了，父母就會『叭！叭！』兩耳光，或報以老拳來收場。

這個事件看似小事一樁，但是可能會發生如此口角的家庭都日日夜夜的上演著。而這種小事正是形成父母和子女常處在對立的角度上，而造成日後相處困難，成爲孩子不聽話的真正原因。

縱觀整個事件，若以是非來論，是這對父母的說話方式和心態是問題的癥結。很顯然的，這對父母有一種不成熟的心態，以爲『不讓小孩上廁所』如此的說話方式是一種玩笑的、幽默的方式。但是小孩子聽到了這種警告，在面子和感情上都會受到創傷，而產生反擊式的言語。

父母會用這種敵對性的方式和孩子談話，也常會形成習慣性。子女長期受到這種刺激，產生反射性的回敬也會愈來愈暴烈。終將會到無法收拾的境地。

父母爲什麼不用關心、憐愛的語氣對他說：『這湯真好喝！等一下要多上幾次廁所了！』

孩子可以從父母的口氣中感受到關心、愛護的心意，而稍爲節制一點，自我提醒不要喝得太多了。

父母也就不必聽到孩子後面的胡說八道而生氣，形成後段鐵公雞的鬧劇了。

敵對的狀態下，在正常成人都常常感覺吃不消，不是產生反擊，就是想逃離現場。這都是因爲缺乏『安全感』的關係，更何況是一個七、八歲的小孩，在他沒有『安全感』的立場下，又沒有方法解決問題的時候，最直接的反應就是胡說八道與胡鬧了！

比較性的教育方式更形普遍了，父母常把家中的幾個孩子的成績、孝順等事情拿來比較。也有些父母會把自己家的孩子與別人家的孩子拿來比較。常此以往，那個弱勢的孩子，在心靈深處，形成強烈的缺乏『安全感』，而造成對很多事的漠不關心與放棄。父母一些無心的過失，卻不知影響了子女的一生。

某些失去安全感的子女，也許只是在人生中某一段時期較晦暗，離開家庭，住校或工作後，找到另一種『安全感』的寄託，也會大徹大悟、奮起直追成功的人生。

安全感是創造成功人生的第一步

由上述的觀點裡，，我們瞭解了：人生爲什麼會出現『不安全』的感覺。到底會影響人多大呢？

沒有『安全感』會讓人學習能力低落。思想、情緒、很難控制。人際關係不能有效建立，人類社會化的進度遲緩等等，簡而言之，就是真正的教育沒有達成。既然這麼多成功的條件沒有一樣是趨向合理的進步，那還談什麼成功的人生呢？

因此安全感是創造成功人生的第一步，也是重要的一步。

做現代孟母

環境影響人類的學習態度，父母唯有早做設想，才不會後悔！

環境對於人類的學習，有非常大的影響。事實上，環境也影響改變著生物行爲的形態。雖然這些改變只是默默的在進行著，經過時期的累積，猛然驚覺時，已完全不復原來的形象了。

有關環境會影響生態變化的這個現象，早在幾千年前的一個母親就發現了這個驚人的問題，於是著手防範，以圖圍堵這個『物隨境變』的自然演化的問題。這個母親就是孟子的母親。

反觀**現代的人類，隨環境的變化更為厲害**了。價值觀的物化，急功好利、唯利是圖，尤其是在人口密度高的狹窄城市中爲尤甚。生活在鄉村中的人，觀念物化較緩慢。

多年前，我因爲要到一個地方去洽公，孩子在幼稚園又只上半天課，於是不得不將孩子帶著，暫時寄放在洽公處附近的我的一個朋友家。朋友是開店做生意的人，賣得是孩童服飾與童鞋。

一連兩天，我去麻煩他，幫我看管照顧一下正在讀幼稚園的兒子。

在第二天，我辦完公事回到店中去接兒子的時候，竟然發現年紀小的兒子，正在和一位婦人討價還價，最後那位婦人很欣然的將童鞋買走了。

接著我的朋友，以及他的妻子老板娘，很高興的不斷讚美兒子：真是個做生意料！能說善道，又討人喜歡。兒子也洋洋得意，非常自滿於自己的能力。

在回家的路上，兒子一直滔滔不絕的訴說賣東西做生意的事情。即至回到家裡，也不忘對母親、妹妹炫耀一番。他一直問我：『爲什麼我們家不開一家童鞋店呢？』

對於兒子的聰明伶俐，會察言觀色、有生意手腕，我當然覺得很高興，但是更有極大的隱憂存在。

原本這麼小的孩子，那裡懂得做生意的辛苦，只知道賣出去一件物品，就感到沾沾自喜。那二百九十元在他看來已是極大的數字。甚而不知賣出一雙鞋的利潤是多少？店裡的開銷是多少？這等重要的關鍵問題，其實這些問題在一個成年人來說，都是一門極大的學問。

兒子一直對『我們家爲什麼不開店』這個問題的興趣維持了一個禮拜之久。

在這一個星期中，我也做了重大的決定，就是不再帶兒子去朋友的店中了。

爲什麼要這麼想呢？

因爲此刻的我已經深切的體會到當初孟母的真實心境了。雖然我的兒子不是學著祭祀……這些玩意兒。但是在這麼小的年紀，正是要開始學思想、學做人的時候，就接近急功好利的生意圈裡，很可能會使他學習的方向偏頗了，人生的價值觀局限了。這些在我直覺的觀感上來說是一件極爲嚴重的事。當然我也不是有意褻瀆某些子女生長在開店做生意的家中，而有什麼不好！我只是自私的希望自己的兒子，生長在單純的學習環境中罷了。

居住在文教區裡的民眾，平均教育水準較高

近年來在有心人士所做的田野調查中顯示，在高等學校多的校園區，尤其是大學區附近的人口群中，其知識水準及文化層次較高，住區民眾所受的教育層次也較高。

以台北市爲例，在北迄仁愛路，南至羅斯福路，東迄敦化南路，西至羅斯福路這塊略似三角形的地帶，其中有八座最高學府。如靠近羅斯福路的台灣大學、和平東路的國立台灣師範大學、台北市立師範大學、文化大學城區部、淡江大學的城中部等等。在這狹窄的學區中竟擁有這麼多的高等學府，是不是很令人驚訝！

更令人驚訝的是在這個狹窄的區域內，還有很多的國小、國中、高

中位於其中，而很多學校都是在學子女所擠破頭顱想進入就讀的學校。

再談一個狀況：在大學聯招中前三志願的學校，錄取新生裡，據調查顯示，有許多學生是來自上述這個地區的學生。甚至於某些科系上竟有十幾位同學，是住在這個區域，或小時在此區域成長的學生。

因此我們可以知道，在高級學府周圍的居民，也會因此耳濡目染，心理上對知識學問的仰望尊敬，而學歷程度呈現較高的趨勢。

這個狀況在美國也是非常多見的，往往居住在大學校園區周圍的民眾，學歷多會在大學以上的程度。

環境確實影響人類學習的意願與志向目標，唯有爲子女事先設想周到，預先塑造一個極佳的環境，做父母的才不會覺得有憾事！

不讀書的危機

不讀書會失去在社會上的競爭力。讀書的習慣像擁有一面鏡子，隨時可拿出來重新分析檢討自我，也可以在書中找到快速學習成功的法則。

現在的父母，很多自離開學校以後，便很少碰書了。在十年所做的一項社會調查中顯示，台灣家庭擁有電視的比率高達百分之九十九點多，擁有錄放影機的比例有百分之六十六。而訂閱報紙的家庭，只有百分之五十幾。目前更低，而且目前電子書的推廣率也不高。

在這些訂閱報紙的比率中，絕大多數還是機關、辦公室所訂閱的。因此家庭中訂閱報紙的比率應該更低。

現在的人，看書的機會已經夠少的了，訂報率又這麼低，知識類資訊的獲得相形之下，也會變得遲緩與空洞化。

某些人雖然嘴上不願反駁讀書的功能，私底下，卻常認爲許多書都是寫給無知、愚笨的人看的。像自己這麼高的智商，那裡還需要用讀書來增加心智呢？

學者杭特(Dr.J.M. Hunt)在其著作『智力與經驗中』談到：『藉由嚴謹的科學與教育學習，是可提高人類的平均智商的，約可增高在三十分左右。』

教育學習是可提高人類的智商在許多的實驗中都得到應證。而**教育學習中，讀書則是佔據最直接最快速最有效的方法了。**

不讀書到底有那些危機呢？

不讀書又不會死，不讀書又不會生病。

可是不讀書的人會不知道怎樣給自己希望，不讀書的人也無法開創自己的潛力加快腳步，去邁向成功的坦途。

不讀書的人通常不瞭解如何去學習對自己有利的東西，不讀書的人也容易固步自封，無法進步，永遠停滯在困頓的邊緣。

不讀書的人，會愈來愈貧窮，在知識性的貧窮之後，繼之而來的是物質生活的匱乏。

貧窮是一種罪惡，貧窮也是一種羞恥。而造成如此罪惡與羞恥的原罪便是『不讀書』。

我們在旅行越南、泰北這些落後的地區時，常感覺到生命的無奈，生命竟是這麼的苟延殘喘著。沒有機會是貧窮的原因。而缺乏智慧又是沒有機會的原因。**獲得智慧最簡單的方式就是從書中取得了**。於是一些有識之士想盡辦法的捐贈了少量的精神與智慧的糧食給此地區的人們。但是這只不過是杯水車薪，能夠脫離貧窮的成功方式，必需吸入廣大的知識與智慧，因此這麼一點點的書籍是根本不夠的。

目前大家都看到中國大陸經濟突飛猛進，人民生活變好，這也是在經濟體制下，知識與科技得以進入中國大陸所造成的成果。因此國家要富強，經濟要發達，人才與科技的培養，都是重要的關鍵，不讀書那裡能達到這些目標呢？

現在台灣的境況也是値得憂心的，青少年們追求偶像、追求物慾、時髦的簡餐式文化已經襲捲整個社會。

以前我們到香港這個地方，感受到殖民文化與強勢經濟文化所結合成的次級文化，現在已重複在台灣展現。由於經濟的高度發展、所有的出版品也媚向次文化的大眾，因此知識性、智慧性的出版品愈來愈少，繼而代之的只是人類原始需求衣、食、住、行、娛樂性的物慾文化。常此以往，人類的大腦會退化，人們的精神會腐蝕。縱然世界性科技的主流再盛行，我們只不過是一顆隨風而動，隨潮而逐流的小砂粒而已。

以目前台灣在世界上的政治環境情勢來看，雖然資訊業讓台灣成為資訊科技大國，但人文方面的科學不進步，其他的科學知識貧窮。倘若台灣人民再繼續普遍追求享樂、腐質的物慾文化，在『良幣驅逐劣幣』的規則下，次文化勢必為另一個強勢文化所代替，這是值得所有的台灣人民所警惕深憂的。

因此，**不讀書不僅會失去在社會上的競爭力，也會失去國力**。

第三章

精神淬煉整合成功

第三章

父母對自己投資多少教育經費

我們有時會在某些場所聽到有人會霸氣的說：『我的兒子真是做總統的料！』『我要我的孩子做大老闆！』雖然這些敢於夢想的父母吹吹牛不犯法。但是一個真正腦力清楚，擁有稍許智慧內涵的人！是不會如此輕易的暴露其短的。

其實在人生旅程的競爭賽跑中，絕大多數的人，都做了那隻聰明的兔子，產生『聰明的失敗』。只有少部份人做笨烏龜，選擇『愚笨的堅持』，於是成功永遠只是屬於少數人。

很多人都誤會智慧就是知識，是決定成功的關鍵。可是這個觀點卻有致命的錯誤。

智慧不只包括非常多的知識，更包括一種具有『成功軟體』的趨動程式，它會在關鍵時刻做出重要的決定，而成爲鎖定目標直達成功殿堂的『推進器』。

通常我們在社會上看到，說自己有智慧的人很多，而真正有智慧，或被人公認有智慧的人卻很少。有些人也會做一些嘩眾取寵的智慧象徵來表示自己有智慧。

真正的智慧是不需要別人來評斷的，只要你具有生活的能力，有平順坦途的人生，能解決問題，不被煩惱所繫絆。你就是一位非常具有智慧的了。

累積智慧最有效的方式就是不斷的學習，聚集擁有廣大的知識

在這個世界上，某些受過高等教育的人，也不一定能完成極具智慧的決定。某些弄不清人生的方向的高教育水準的人，比比皆是，令人遺憾。

目前台灣的父母們也大都具有極高的教育水準，屬於有識之士之列，而學習決定性成功的智慧，正是一個關鍵的時刻。

父母必須先學習成功的智慧，然後才能傳授給子女

因此父母必須先探究成功者決策模式的特點，然後才能遇事出招。懂得成功的訣竅以後，世界的色彩將會變得更清澈蔚藍、多彩多姿。

父母要如何來學習成功的智慧呢？

這就是本節所要討論的題目：**父母到底要對自己投資多少教育經費？**

當然是投資得愈多成效愈大了。

我們都知道未來的世界，在經過『科技』的衝擊後，一定是一個不斷改變的世界，而且一天精嶄一天，日日新月月新的世界。要運用科技來造福新世紀的時代也正在展開，我們每一個人都無法逃離這科技洪流的衝擊，因此要學習的學問就愈來愈多了。

許多人都很明瞭未來世界將是快速變化的狀況，不去努力學習就很快的會被淘汰掉。

現在，做父母的人，又有更重要的任務，要培育成就高超的子女，要創造新世紀的新人類。因此父母親大人們，您們更是應讓繼續接受新時代的洗禮與訓練，拿出你的勇氣來吧！對自己多投資一些教育經費，讓自己成爲『社會大學』的菁英，才能帶領你的子女走在崎嶇不平的成功之路。親愛的父母們，對自己多投資一點教育經費，讓你自己就成爲人類中真正的金礦，將你無窮的潛能發揮在幫助子女奔向成功之途吧！

精神的淬煉・不打不成器

不打不成器

有一回，我帶孩子在百貨公司買東西，在經過一個服裝專櫃的時候，看見一位專櫃小姐拿著衣架，猛拍架上的衣服，霹霹叭叭的發出很大的聲響，很引人側目。她不只打一個架上的衣服，整個專櫃店面裡的衣服都被她拍遍了。

孩子問我說：『她爲什麼要打那些衣服呢？』

我也不知道。

過了一會，我們聽見隔壁專櫃的小姐在問她打衣服的原因。這位專櫃小姐說：『衣服是不打不成器的，愈打它愈賣得出去，所以要常常打它。』

大家聽了都笑了。

我們並不瞭解這位專櫃小姐的業績是怎樣？這種『不打不成器』的理論也很有趣，但是我想：在她打衣服的同時，必定也注入了『一定要把衣服賣出去』的意志力，這也是一種非常強烈的精神力量，必定對業績也是會有幫助的。

時過多日，接近月考的時候了，有一天，我看見孩子坐在書桌前，拿著一把尺在敲打著書，口中還唸唸有詞：『不打不成器！不打不成器！』

我有些哭笑不得，跟他說：『書是要唸的，打它沒有效用！』

『就是記不得嘛！才打它的呀！』他說。

『那位小姐打衣，是爲了把『一定要賣出去的信念』注入在打衣服的過程裡。而你讀書，就要把信念注入課本中，沒有多讀幾遍，光靠打書是不會有效的，你說是不是？』

孩子點頭說明白。

『因此囉！該打的是人，而不是書囉！』

孩子不禁赧然。

尋找精神淬煉的方法

這件事讓我想到，每一個人都有讓自己的精神得到淬煉的方法，就像一把劍、一塊銅、沒有不斷的、多次的經過淬與煉的過程，是很難完成目標的。而那位專櫃小姐她找到了淬煉目標物的方法。我們每個人也要尋找自己的方法才行。

通常我們想望和別人一般富有，希望擁有保時捷的車子，希望擁有滿天星的手錶，希望全世界的好東西、好事情都到我家來，讓我享用。但是**在這個世界中每一種尊嚴，和每一種享受，都是各有各的價值**。你想要擁有，就必需付出等值的價格才行。

每個人在人生的旅程上，想要擁有高價位的物質或地位榮耀，平均起來，都要比一般人付出更多更大的努力，接受更大壓力的檢驗才行。普通的狀況，成功者定然比一般的時效更長、更久，學習的時間也較長。因此在我們看到名企業家、名律師、名醫師、名會計師等等高收入的人類的同時，我們實在先應自省自己努力得夠不夠？方向對不對？目標是什麼？工作的時間有沒有他們長？知識有沒有他們多？等等的問題。不要一味的只想著別人擁有的珍貴物品，否則那些保時捷和滿天星將總是和你遙遙相望，高不可攀，成爲你一輩子的影子戀人。

學習割捨、學習妥協

行為的『統合教育』要從二、三歲做起。學習割捨、懂得妥協，在成長的過程裡不斷從實驗中體會『放棄的哲學』。成功人生在成年時才會愈早到來。

前些時候，我去參觀一間教室，那裡正在對一些學習有障礙的孩子實行一種較新觀念的教育，稱做『感覺統合』的教育。

『感覺統合』教育的內容，大致是對於學習能力落後的孩子，以激發潛能的方式，改善他們的協調度、敏感度、觸感等等，以促進其官能和心理上的一致性，進而能夠很順利的由心而外的駕馭其官能的感覺。增進身體與心理的平衡感。

我看到一位老師用毛刷在學生的身體前後左右的刷著，這是要刺激他的感覺。但是學生卻因這些動作不悅，大聲的哭了起來。毛刷很軟，是不會痛的，也許這位年紀很小的學生只是意識到別人對他身體的侵犯，而抗議的哭了起來吧！

從這個參觀裡，我思考到一些東西。所謂『感覺統合』的教育，不但是有學習障礙的孩子該來學，一般的孩子也應該多努力學習。而我覺得**某些教養較好的家庭，父母個性成熟穩定，溫和多禮的家庭，其實很早的，在孩子嬰幼兒期已開始了這項『統合教育』，只是他們沒有用這項名詞稱乎它罷了。**

幼兒在二、三歲時的群體生活裡，常常會因爲搶奪玩具、糖果而發生爭執、拉扯、打人的情形。成熟的父母，往往在拉開兩個爭執的小孩後，勸自己的小孩放棄玩具、糖果有時也會連聲爲自己的小孩向對方道歉，雖然不一定是自己的小孩先動手打人。最後這位成熟的父母會對於小兒的爭執一笑置之！

『小孩子嘛！吵吵鬧鬧總是有的！』

另外一種父母在聽聞小孩子的爭執聲後，匆匆跑來。這對深怕自己小孩吃虧的父母，也無需了解事件的原由，立刻大聲斥喝別人的小孩，大聲喧嚷著對方小孩的沒禮貌、沒家教。甚至鼓勵自己的小孩去打對方，沒有佔到便宜，是死也不罷休的。玩具要搶，聲勢也不能輸人。真應了那句老話，『什麼都吃，就是不吃虧！』

上述的狀況在台灣幼兒可到之處，隨處可見。但最多的是怕自己孩子吃虧的父母。**成熟的父母，願意道歉，勸自己的孩子放棄玩具的父母**

快變成稀有的動物了。

在人生的成長教育裡，幼兒期，只要長相可愛就好了。少年時期不討人厭就好了。青年時期卻是要展現個人個性上的魅力，在生活中尋求一個生活動力的支柱點。在中年以後，便得接受從上項生活中被檢討的惡運。倘若以前的發展是正面的，中老年的生活將會順遂。倘若是負面的，中老年的生活較孤獨窮了。

『行為統合教育』中重要的關鍵內含

人生中常常需要割捨，對壞習慣的割捨，對『是與非』的割捨，對人生前途『進與退』的割捨等等。

有時候『割捨』並不是壞事，反而有助於自己再次的檢討。得與失往往在人的心中形成極大的包袱，『割捨』就是讓這個包袱得以卸下，減輕沉重的負荷。

佛家倡導『能捨』，倡導『杜絕貪、瞋、痴』。在我們現代人來說，這些也都是屬於學習『割捨』的主要課題。

割捨不但是有『丟棄不善』、『給予施善』，還有另一層的意義，那就是『禮貌性的謙讓』。

我們在上述幼兒爭執事件中看到，成熟的父母勸自己的小孩放棄玩具，以結束爭執。小孩在萬般的不捨中，首次學習到『割捨』的學問。也許他也會在不捨中繼續哭泣個幾分鐘。但在多次『割捨』經驗後，這種『禮貌性的謙讓』，將會在孩子幼小心靈裡建設成一座美麗的德行花園，不時在人生每一個過程裡，綻放美麗的花朵。

反觀那些不肯吃虧父母的子女們，因傳承自『爭執必勝』的信念，凡事必做強勢的爭鬥。但若對手也是好爭鬥狠的人，是必會有一場腥風血雨，兩敗俱傷的場面出現。漸漸的他們也會成爲一種另類。

不想吃虧的人，最後吃了大虧，人類對於他們的懼怕、隔離會把他們趕入死胡衕中孤立他們。

人生也需要懂得『妥協』，對於一些現實狀況不允許的事情做出一些讓步，這就是『妥協』。

很多父母在孩子以哭鬧、要脅的方式，以爭取到自己的目的時，有時候是父母自己妥協了。有時候卻因爲做不到或是不想做而使出殺手鐧，來個相應不理，任其哭鬧。以上的兩種方法在孩子人格成長的訓練裡，都是不適當的方法。

父母妥協的方法讓孩子予取予求，最後終至無法無天，造成日後無法再實行其他的教育方法。

相應不理的方式，雖然只要忍受幾十分鐘的哭鬧，等其轉移注意力便會雨過天青。但孩子本身並不會瞭解『爲什麼不可以』，以及是與非、對與錯的觀念。他只是感覺到父母的冷淡『不願意』和『不喜歡』而已。

通常父母對於太小的幼兒是不願訴說解釋原因的。他們常覺得小孩太小，那裡會聽得懂？

在日本式的教育和美國式的教育裡，他們是必須對孩子解說原因的，主要是因爲：雖然孩子的年齡尚小，但他還是被尊重做一個『人』。如此來反觀我們父母的教育方式，是否太過於『自以爲是』，或是太沒有以『人』爲尊重的方式來教導自己的子女了呢？

在子女幼兒期即開始教導『妥協』的教育是非常必要的。可以健全孩子人格的發展，讓孩子在自尊心的建立上不是打擊受挫，形成深層的內在自卑。而是經過『妥協』的方式再做自我檢討，而建立更大的信心。

『這怎麼可能？才二、三歲的小孩，那裡會做自我檢討？真是太玄了吧？』有些父母會詫異的懷疑著。

事實上我們在對二、三歲的幼兒做觀察時，確實發現這個驚人的事實。

剛剛因爭奪玩具而打架哭鬧的一對兄弟，有一方因想和另一方繼續遊戲，而採取了妥協的態度。首先他拉拉對方的手、再把剛才搶奪過來的玩具奉上，表達和好之意，大家一起玩。對方很快的接受他的好意，於是擦乾了眼淚，又很高興的玩在一塊了。

在上述的過程裡，速度很快的進行著，因爲他們沒有『成年人面子問題』和『懷疑人性的包袱』，一心只想著要對方接受自己，和自己玩就好了。因此他們妥協的速度很快。

這個願意妥協的這一方，他確實是經過思考的。因爲爭執哭鬧而破壞影響了本來兩人非常有趣和諧的遊戲氣氛。這是他事先沒想到的，也極不願意發生的事。事已至此，經過短暫的思考，立刻採取了妥協的姿態，想回復到原先圓融的氣氛裡。

由此我們可以看到，不論是『割捨』，或是『妥協』，不論父母有沒有教導子女，在子女的幼年時代是早已開始的一種經驗。要是父母有智慧，再給予孩子更多的輔助，讓孩子在人生的過程中經驗更多，而且有更好的方式來處理或思考這些問題。子女在青少年、青年、成年以後的歲月裡，自然就懂得『取捨』，該要什麼？什麼是不該要的了。

『行為統合教育』的影響

『行爲統合教育』的影響是深遠的。只不過以前沒有這個名詞，現在有了。

新新人類有一句廣告名言：『只要我喜歡，有什麼不可以？』在行爲統合教育裡是不被允許的。因爲這句話包含著恣意、放縱、霸道、不顧後果的反社會危險思想。

而『行爲統合教育』的思想裡傳遞的是禮讓、內斂、割捨、慈悲、善意的一種思想。整個講起來是和前述的想法是對立相反的狀況與結果。

『行爲統合教育』教導子女『與人爲善』思想與目標，在現今的社會裡是需要多推廣的。

真正能提昇人類的品質，以及能早一步邁向成功途徑的真正訣竅，就是『行為統合教育』真正實行在某個人的身上。

至於那些後知後覺的父母，以及教導子女爭強鬥狠從不吃虧的父母們哪！他們永遠也不會瞭解，為什麼別人的子女成就會那麼好？自己的子女卻不如人的道理了。

蟑螂及『克蟑學說』

有一天，女兒氣嘟嘟的跟我訴說，班上有一位多麼討厭的同學，什麼事也不會做，只會批評和亂出主意。還有一位教授呢？只喜歡打扮入時的漂亮女生，給他們很多特權，不常來上課也會給她們高分，這些事令女兒非常氣憤。憤憤不平的說了半個小時。準備不再和那個討厭的同學來往了。對那位教授的課也不再有興趣，想想能混過去就算了。

其實我聽到了覺得非常有趣，也許是一個旁觀者吧！心態上比較冷靜。

『爲什麼不試著和那個同學溝通呢？或者給教授暗示一下，讓他注意到還有我們這些全勤的好學生呀！』我給女兒建議著。

『哪行呀！看到那個人就討厭了！真懶得理他！再說對教授的事，我們也不敢明說呀！萬一被教授討厭了，分數打得更低怎麼辦？』

想想她還真是有很多的顧慮呢！

於是我獻計道：

『其實你可以把討厭的人，當做蟑螂。把自己當做『克蟑』專門對付蟑螂的殺蟲劑。』

把討厭的人比做蟑螂，大家都是很樂意的。但自己要做『克蟑殺蟲劑』便有些困難。

我們都知道有一種蟑螂屋對付蟑螂非常有效。它是做了一種蟑螂特別愛吃的餌，引誘蟑螂進入蟑螂屋中，餌吃多了，當然就暴斃了。

而我的**這個『克蟑計劃』對付你心中的蟑螂也是必須投其所好，再以誠心的交往，將其收服。**

用心收服別人，跟他做好朋友，這就是克蟑學說的精髓，跟彼此立場、觀念不同的長輩，也是可以用這個方法來轉變彼此的關係。這個方法在某些人來說也許很難，但只要確實去做，成功率是很高的。

數個星期後，我不再聽到女兒的嘟嘟嚷嚷，繼而代之的是女兒對那隻蟑螂同情的言語。對於那些喜歡漂亮女生的教授也充滿了諒解和寬容。

我實在很佩服女兒這種能化敵爲友的魄力。也佩服她執行『克蟑學說』有成。

有一次，有個朋友在我家中吐苦水，對於他的上司百般刁難，非常憤慨。於是我把『克蟑學說』搬出來請他一試。

『什麼？要我去伺候他，向他討好？我才不幹！』朋友氣得大叫。

『不入虎穴，焉得虎子？你必須去試試看與他接近，瞭解他的爲人。先表達你的善意，再將他引到你的道上去！這樣你們關係才會改善，你也不會難過了。否則你也只有離職走路一途。一時的氣憤，這又多麼划不來呢？』

最後朋友接受我的建議，去收服他的敵人。

一個月後，朋友很開心的告訴我，他的上司現在對他言聽計從，兩人水乳交融，無話不談。

基督教要人去愛你的敵人，去愛實在太困難，原本是個令自己討厭的人，一下子讓自己轉變觀點實在是不容易的事。叫這個討厭的人爲蟑螂，也實在是大快人心的一件事。把自己當做『克蟑高手』，是對自己的心理建設。有目標的去做，讓自己不再有卑躬屈膝的去討好別人的委曲心理。進而因爲多接觸，而瞭解對方的心態，慢慢產生同情，繼而不再計較以前的事情。再進而跟對方結交成朋友的關係。這就是『克蟑學說』的運作方式和真正的理念。

有一回，閒談中、朋友問起我：『要是你用盡了一切的方法，也無法改變討厭的對方，跟你改善關係時，你怎麼辦呢？』

我大笑著說：『那我就變成那隻蟑螂了呀！』

其實，這個『克蟑學說』有百分之九十的效應。只要不是什麼『殺父之仇、奪妻之恨』之類的深仇大恨，在社會上普遍的人際關係中是所向無敵的。

再則，我們也無須存有太多的固執與偏見去討厭別人。討厭別人，其實也背負了很大的包袱。討厭別人，就在人際關係中斷了很多的路，這也是非常不智而且不成熟的做法。

第四章

學習力、創造力、理解力是開發智慧、創造成功的金三角

怎樣幫助孩子進入學習的環境

製造易於學習的環境，永遠是比給子女壓力來得高明。減少子女學習上的焦慮感，陪他一起走過學習初期的困難期，才算是一個完整的學習環境。

許多父母對於自己的孩子不喜歡讀書，十分懊惱，他們總是說：『孩子這麼小，不喜歡讀書，又不能叫他去做事，你看這怎麼辦呢？將來又能做什麼呢？』

其實，根據我們在學校裡的調查顯示：很多功課不錯的學生，也常表示不喜歡讀書。

企業家王永慶先生也曾說過：『我小的時候不喜歡讀書，大概當時是沒有那個環境吧？』可是後來王永慶先生都讓他的子女接受了很好的教育。

還在國小就讀的子女，從小就不喜歡讀書，將如何會有成就？

這是一般父母的焦慮。天天的嘮叨、天天的訓斥，也成爲孩子的焦慮情緒。家庭中人人都陷入焦慮、頹喪的情緒中、愈發不能自拔，也愈發無法改善。

父母若想改善這種狀況，不是沒有方法，而是要看父母本身是否想要認真的去尋找改善子女學習環境的方法。倘若父母只是把這個問題放在次要的地位，不認真的去面對，或是將問題推給小孩，讓小孩去解決，這個『不喜歡讀書』的問題將很難得到突破。

引導孩子讀書的方法很多；但都需要父母親的實行引導，因為據我們的觀察，**絕大多數不喜歡讀書的子女，同樣也擁有不喜歡讀書的父母，或者是很少看見父母有讀書的習慣，因此養成子女也對讀書、對功課沒有興趣與習慣了。**

幫助孩子學習的方法

1. 『同理心』可以改變子女對讀書的看法與習慣

在心理學上，有一種『同理心』的實驗可以改變子女對讀書的看法與習慣。

父母在協助孩子養成讀書習慣的過程裡，可以跟孩子討論和閒聊，找出在孩子心目中，成績比他稍爲好一點的同學，在行爲上，受其尊重的同學，鼓勵他們做密切的來往。一方面讓孩子觀察，爲什麼別人比我好一點？繼而讓孩子產生『同理心』，我也可以達到他的標準。這是一種漸進方式的激勵法。切記不可用班上資優生的高標準把孩子嚇到，那樣更會產生反效果，使孩子頹喪受挫而放棄努力，認爲自己永遠做不到那麼好。

2. 『同理心』還可用在父母子女的相互關係上

父母若想引導子女進入自動讀書的學習環境，最好的方式就是自己也拿起書本來讀書。

父母可以在孩子做功課的時候，放下手邊的工作，拿起一本書來坐在孩子的旁邊，和他一起看書。剛開始孩子會非常驚訝和興奮，也許會一直和父母聊天說個不停。父母最好要求他在功課做到一個段落，或者是讀書讀到一個鐘頭的時候在停下來休息聊天。

剛開始每天有兩個小時給孩子唸書做功課的時間也差不多足夠了。遇到考試時，可以稍爲延長。雖然這樣父母子女都覺得很辛苦，可是**『在有人陪伴一同去執行一個任務、做一件事情』**。在子女的心中有了依靠的感覺，而彷佛覺得**『這是我們共同的事務』**而感到讀書不再是那麼可怕的一件事。

父母在引導子女讀書的時候，一定要有耐心，不可隨便發脾氣罵孩子。輕聲細語的勸導，不要把和平溫暖的氣氛弄壞了，結果前功盡棄。

父母也不可以『陪公子、小姐讀書』數日，便偷懶撤退，又讓孩子一人單打獨鬥失去了興趣。**精神上的支柱和心理上的安慰及身體力行的**

參與是『同理心』最重要的支柱，缺一不可。

3. 引領子女進入『神馳』的快樂中

每一位父母都應該多觀察自己的子女，確認孩子的性向，幫助他發揮長處補強弱點。教導他時多選擇適合他的方式與程度。例如某些孩子需要用哄的，他會做得很好。某些孩子耐力不強，學習時間要縮短。如此才能使孩子在學習時不致因厭倦而厭惡讀書。

有時太簡單的功課是枯燥的，太難的功課又會造成焦慮而生厭放棄。**人最大的潛力在技巧純熟時，才能進入神馳的世界，也才能超越其潛能，享受到學習的快樂**。

心情是顯示學習進步的重要指標。父母若能引導子女在讀書的過程裡，尋找到讀書的快樂(例如考試考得好之類)這種快樂的經驗會繼續吸引他們去讀書。久而久之，學習障礙不但完全清除，還可增進其表現。到此時，父母才可鬆一口氣。

4. 訓練孩子「考試的技巧」是克服讀書障礙的最佳方法

每一個孩子對考試都會有某些程度的焦慮感。成人也同樣有這些問題。某些父母在孩子的考試期內，有時會表現出比孩子更嚴重的焦慮出來。尤其是孩子的功課優異，而正在做較大重要的考試時，或是正在爭奪最高名次的時候。

父母親的焦慮，不但帶給孩子壓力，也使孩子在競爭時，感覺戰況紊亂，而不能有效確實的掌握良機。

訓練孩子考試的技巧，在讀書有障礙的孩子來說，是非常重要的事情。本來就沒有信心的孩子，雖然讀書讀的這麼久，有一段時間了，但是對考試依然懼怕。這是因爲以前失敗的經驗所造成的長期的恐懼感所致。要孩子減少並排除這種恐懼的經驗，並不是容易的事，但也一定並且必須要做。

父母應先瞭解孩子功課的內容。把一些要背的功課、一些父母自己還可以教導孩子的功課，儘量幫他複習熟稔。

倘若是一些父母已無法教導的功課，而這些功課又是孩子的致命傷的話，父母應該幫助孩子請求外援。例如：幫孩子打電話向學校的老師討教，幫孩子找補習老師或補習班，或者是親朋好友中有可以請教的人，來幫助孩子。並且要告訴孩子一個觀念：《求教於人，並不是恥辱。自己不懂，才是恥辱》，這就是**不恥下問**的好榜樣。

孩子在考試的時候，要提醒他絕對要保持好心情，因爲**情緒對人的智能有很大的影響**。不要隨便亂發脾氣，發脾氣只會令人事事不順，考試也會容易遭遇挫敗。

此外應試時，挑會做的先寫，不會做的，留待第二回合再重頭看考卷時再來想。儘量把握時間快寫，字跡更需端正，否則潦草的字跡，被老師認爲錯誤的答案，就非常的不合算了。最後還應再檢查試題一遍，細心找出錯誤。

倘若這一科考不好，也不可把情緒延到下一科，以免妨害了另一科的考試。考試考完了，不必急著跟同學對答案，以免影響心情，對其他的科目不利。

父母要注意參加考試子女的生活細節：考試前最好不要熬夜，以免應試時，精神不濟，一睡不起，耽誤了時間。考試前應在家中將早餐吃飽，不可飲用冰水，以防胃部因緊張而抽筋。鼓勵子女盡力而爲，坦然面對。父母的關懷和鼓勵是子女應試時，最能平復壓力的力量。

培養子女成材，與幫助子女克服讀書障礙，同樣是需要父母親身參與，共同努力的。有時不同的孩子，需要不同的方法來協助他們，端看孩子們的需要而定。

每一位父母都企盼自己的子女成大器，這個問題取決於父母親的本身的努力，你投入多少？投資多少心力、時間與金錢？這些都影響到子女未來的成就。親愛的父母們我們怎能不覺悟呢？

智慧淨土『書房』—也可成為孩子的天堂

十幾年前，台灣家庭裡曾流行擺酒櫃。至今也沒有聽說書櫃與書房有流行過。

很多家庭裡，因爲空間狹小，而省略了書房。在孩子的房間裡通常是書桌與床並排在一起。所以很多小孩看看書就倒在床上，甚至於趴在床上看書寫功課，因此造就了無數的近視眼。

有些家庭、書房是父親專用的禁地。是不許小孩子進入的，以防亂摸亂翻，弄亂書桌上的物品。

對一個現代人來說，『工欲善其事，必先利其器』的道理，對每一個行業，對每一個人來說，都是亙古皆然的通理。

科技書房

在現代科技的社會裡，電腦已走進了書房。現代人所擁有的書房，是更具智慧，更具效率的書房。現在人所擁有的書房，也是更具有變化，更多樣，更好玩的書房。

電腦是現代的超級工具。書房的功能就更形闊大，不但可具備多樣的知識，孕育出偉大創新的理念，更可以無限伸展，創造終生的財富出來。

書房因爲電腦的加入而更形完美。

智慧書房

從學生時代的我，就非常嚮往趙之謙的『不讀五千卷書者，無得入此室』的大氣，一直到前幾年才真正擁有一個五千卷以上書籍的書房。一個創造夢想，和可以不斷做省思、神馳等怡然自得的智慧淨土。

在早些年裡，我的書房一直是侷促狹小的空間，小孩和我一起擠在三尺寬的桌面上，他要畫畫，我在看書或畫我的工作圖和作計劃。這窄小的書房，也一直是孩子遊戲的空間，小玩偶、小汽車電動玩具，散在四處。

現在孩子已經進入大學就讀，仍然和我共同一間書房，所不同的是，現在他用電腦玩遊戲、作讀書報告、寫報導文學和準備論文。而我呢！依然在書房裡做我的春秋大夢、神馳在天地古今之間，偶而三省吾身。書房真是我們快樂悠遊的聖地。

有一位作家說：『書房是一個家庭的大腦』。**智慧書房能創造智慧家庭，更能創造智慧的財富**。這點我是深信不疑的。因爲我們家的財富則多半是由書房中所產生的（在書房寫書或做股票）。

孩子的天堂在書房

書房能成爲孩子的天堂，這一點我也非常有同感。自己的孩子就喜歡賴在書房裡，玩電腦，整天也不出去。就連來我們家做客的四歲小客人，只要讓他看了超媒體光碟系統中的海洋奇景、動物世界，或者是一些光碟遊戲，便很難再讓他從椅子上下來。

這麼有意思的聖地天堂，不但有知識的堡壘、智慧的凝聚、財富獲得、遊戲的快樂、親子的溫情都盡在其中。這麼幸福快樂的地方，怎能不讓我大力推薦給您，讓你們全家也能遨遊神馳在美不勝收的智慧之海裡呢？

音樂豐富了孩子無窮的想像力空間

週休的午後，與孩子躺在床上、地板上，一同聆聽美妙的 CD 音樂。我們的靈魂攜手飛翔遨遊在浩瀚的天際。一同進入一個絕妙的世外桃源。盈耳的天籟，豐富了我們思緒的充實感。穩定了我們漂泊的靈魂。

在多年以後，孩子還能重述當日神遊太虛時的美麗情境。我們一起享受了這無窮想像力的空間所帶來的歡愉。

在孩子的幼兒期，大概是二歲多的時候吧！我們便開始了這項非常有意思的靜態活動。

起先我只是在休息的午後，意興闌珊的聽著自己喜愛的音樂。但是一對小兒女卻擠進屋內，和我一起躺著。有時我們躺在床上，有時隨地躺在地板上，伸展著四肢或者一動也不動的傾聽著。

空中有時傳來寧靜的音符，有青山、有小橋、有流水、有浮雲、有晨曦、有薄霧、有森林、有天籟、有落日餘暉、有彩霞滿天、有落霞孤鶩。有中國西方絲路孤寂的駝鈴，有沙漠裡佛剎在荒野中愰動的風鈴。也有美國西部削壁懸崖，滿佈仙人掌火辣辣的世界，有尼加拉瀑布的急湍狂嘯，有狂風暴雨後海邊的寧靜。

這一切的美，不但讓我們周遊了世界美麗的境地，也進入人類深層自我探索的秘境。這終究是個不可多得的經驗。我常常鼓勵孩子把感覺說出來。用你一切想像得到的形容詞來描繪你所聽到的音樂情境。

有時我們聽的是太空樂曲。二〇〇一年太空漫遊，或者是波爾瑪麗的太空組曲。在這些情境音樂的帶領下，我們也彷佛漫步在沒有重量的太空裡，或隨著星際戰艦，在無垠的宇宙裡航向另一個銀河邊緣的星球。

事實證明，這一切經音樂帶來的豐富想像力，在孩子的身上都發揮了極大作用。在孩子求學的過程裡，國文程度、才藝的部份，凡是與想像力有關的學科，都得以發揮的很好，甚至於數理的部份，他也能用另外的角度，多方面的實驗演算來發現更多的奧秘。這就是想像力的成果了。

音樂是無遠弗屆的親善大使

法國在94年制定，96實行的一條法規中，規定法國的電視台必須播出四成以上的法國歌曲。

這條法規在法國實行有實際上的困難，因爲許多流行的流行音樂在世界排名榜上前五十名，是幾乎看不到法國歌曲的。而聽眾的要求，卻是要得到最新的流行音樂資訊。

法國的這項新規定，其實是要保護法國文化和『法國語』音樂不在世界上被淘汰，而厲行的保護政策。非常可笑的是：以法文歌唱的世界級唯一的女歌手席琳迪翁，卻是來自魁北克的加拿大人。所以對於法文歌曲、音樂的頹喪、消失，怎能不讓自傲的法國政府頭痛擔心呢？

反過來看看我們的台灣吧！非但沒有這些煩惱。甚至於一切最暢銷的中國語文歌曲、歌星，都是由台灣這個彈丸小島上創造出發。然後風靡大陸，再風行整個華人、華語世界的。再加上中國人無所不在的超能力移民特質。華語歌曲可說是遍佈七大洋、八大洲了。

由這個觀點做出發，台灣可稱得上是文化復興基地了。細細想來，在台灣的父母和成長的孩子還真是享福。在城市裡你可以買到任何形式的音樂CD、卡帶。雖然有些人會報怨音樂資訊還是太慢。但經濟自由化的結果，以及觀光旅遊的普及化，您想得到比較稀有、發行量少，或品質特殊的音樂成品，也變得沒有什麼滯礙難行了。

音樂能治療人的心理疾病

在法國有『音樂治療師』。以前音樂治療師所服務的對象是精神病患。現在的『音樂治療師』已經對輕微的心理有障礙的人，例如解除壓力、個性孤僻、性情急躁、或是有自閉傾向的人展開服務。

『音樂治療師』治療的方法是這樣的：

『音樂治療師』先請接受治療的病人躺在房間中的地板上，這個房間是製作成類似日本榻榻米似的地板，可讓病人非常舒適的躺著。

接著『音樂治療師』會放一曲意境幽美，清涼沁人心扉的音樂，來清洗滌除病人浮動雜亂的靈魂。

『音樂治療師』讓病人隨著音樂的感覺，說出自己目前感受的狀況。漸漸的病人的靈魂、情緒在音樂中得到沉澱、穩定。在四十五分鐘或一小時的音樂洗禮裡，輕鬆的卸下沉重的心頭壓力，讓自閉的人也能啓開心扉迎向陽光。

當然短短的四十五分鐘或一小時，只是一個療程，必須要多幾次療程才會有效，效果才會顯著。

這種法國『音樂治療師』的治療方式，讓我想起自己和小孩的共同樂趣，借音樂的翅膀神遊太虛的桃花源。這兩者實在是同出一轍。只不過我們是有相同的樂趣，借由敏感度、想像力，來考驗探索我們潛意識的美麗瞳景而已。繼而間接來影響、應用在生活中的學業上、工作上。

因此，音樂在豐富孩子想像力空間上，由『音樂治療師』得到了印證。

親愛的父母們，您不妨自己來做一位音樂治療師，相信不管是對您自己與您的子女都有意想不到的效果！

三歲以前多看電視，三歲以後少電視

曾經有一位企業家嚴厲的指出：『這個世界最大的亂源所在，就是電視。』很多專家也認為看電視是一種無聊的活動，人們實在不應該花費太多的時間在看電視上。

電視最大的功能就是帶給我們很多資訊，但多半是對我們有用的少，而無用的資訊較多。某些人整日守著電視，雖然覺得沒什好看的，仍然手握著搖控器不放，腦中一片空白，一台一台的頻道轉換著，週而復始，不願放棄……。這正是一個危機的開始。老年痴呆正是如此形成的。

成年人看電視看得如此乏味，無線電視、有線電視全看遍了。色情的、血腥的、妖魔鬼怪的、暴力的、陰險的故事全看遍了。現代人實在再沒有值得驚奇，值得怪異的大事了，因爲所有的故事都已演遍看遍了，再也無法翻出什麼新招。電視對於成年人或青少年的來說真像一場惡夢一般。每日按著選台器，一日復一日、一年復一年，人生就在電視的惡夢中漸漸離去。

若是人人驚怵於『電視效應』的問題，而自拔『電視效應』，自己本身的工作效力和學習能力將會增強十倍以上。而且人類實際可利用，不被浪費掉的時間日子，若能拿來確實的有效應用，直可把你推上專家、企業家、科學家，一切『家』字輩的寶座。

真正人生的空白，是浪費時間，虛度光陰，做了太多無聊的事情，而產生太多矛盾恐懼的感覺所造成的。

因此我們想要活出美妙的人生，應該多做些有意義的事，並鼓勵子女放棄浪費時間，虛度光陰的『電視效應』多做一切內心饗宴的快樂，用超媒體來聽聽音樂，不但有幽美或雄壯的樂聲，而且只要輕輕一按，電腦螢幕中會顯示音樂家的生平介紹，並闡釋音樂在創作樂曲時的心境與精髓。

你也可以與子女一同神馳在古今小說的名著裡，分門分類的來做分析。你更可以和子女一同利用超媒體來學一種新的外國語言。語言能力在未來的世界裡將是舉足輕重的角色。在未來世界裡的菁英階級人物，每人都能利用五、六種流利的外國語文穿梭在世界的舞台之上。因此在**未來世界的時代裡，多種類語言能力也將是人生成功的致勝條件。**

三歲以前多看電視

三歲以前為什麼要多看電視呢？難道幼兒就不怕污染了嗎？

三歲以前的幼兒在學習能力上，是屬於生理期中感官學習能力的時刻，他們在嬰兒的時候，很注意看電視上快速閃動的螢幕，以達到眼球快速活動的運動。

在我們的觀察裡，幾個月大的嬰兒至三歲以上以前的幼兒，都會被電視中偶而出現的嬰幼兒或小朋友稚嫩的聲音所吸引，而不斷的轉動頭部來尋找聲音的方向，嬰幼兒所聽的聲音，若是哭泣的聲音，嬰幼兒立即會應和哭聲，若是歡笑的聲音，嬰幼兒也會展開歡愉的微笑，這也是『同理心』的作用使然。

我們曾經在一所幼兒園中觀察，普通幼兒園多是招收三歲以前的兒童的。近三歲的兒童普通已說話非常的流利。只有少數有學習障礙的兒童較緩慢。女童也比男童說話能力好。

我們在觀察裡發現，在家中看電視較多的三歲孩童，說話表達能力較好。家中少看電視的孩童、說話表達能力較差。而且多看電視的三歲以前孩童在人際關係方面，和大人長輩的相處很融洽，喜歡發表意見，喜歡模仿，容易表現討喜、快樂的動作。他們在與同齡小朋友之間，也容易展開協調能力和獲得領導能力。他們也是極其容易獲得師長和家長疼愛的一群。

另外在家中少看電視，或較少對電視有興趣的一類孩童，常因爲小家庭中，除了父母之外，人員較少，再得不到電視資訊的提供，因此所感受的資訊較少，有時幾近於零。在與同齡的小朋友間沒有共通的話題，別人說的他不懂，因此較畏縮。而且他們的表達能力不強，多以沉默或攻擊不滿的情緒來傳達自己的意見。他們除了極爲親近的人（如父母）外，很少會向老師、長輩自動表示好感。在人際關係方面屬於被動、怕生或不敢表達的一群。當然，要叫他們發表意見模仿，或有領導力，那是非常困難的了。如此的發展，學習力將減弱，而且，也容易被老師、父母所忽略，形成學習障礙的惡性循環。故而做父母的人，要能及早發現，帶領子女進入新的五光十色的電視世界。

三歲以後不宜再看電視

三歲以後的小孩，因爲學習智慧的增進，已經非常瞭解螢幕舞台上演員某些動作的意義，常常被吸引於怪異的動作、聲音、和粗鄙的詞彙而加以模仿。父母稍不在意，即養成孩子在電視上學來的暴力行爲，和滿口粗話的粗鄙文化。現代的電視裡也常出現不適宜孩童觀賞的色情卡通，這也是父母所應防止『電視效應』的隱憂。長時間的觀看電視，造就近視眼與肥胖兒童，這更是電視之害。因此，三歲以後的孩童是不宜多看電視的。

過多的休閒，只能造成怠惰

喜愛讀書與做研究的人，才能體會愛因斯坦的『孤獨的愉悅』。太多的休閒、嬉戲，只是把『心』拋在屋外或人群裡，是無法得到安定和休息的。等離開人群、旅遊歸來，更多的疲倦，無聊在等著你。

許多人都聽過也喜歡這句話：

休息為走更長遠的路。

許多人常常把這句話拿來應用，或是把它當做一個藉口。某些父母在經過一週的辛苦煩悶的工作後，非常想輕鬆一下，於是全家同車外出旅遊，到海邊、到山上、到遊樂區，要不然在KTV，麻將桌上耗一天也好。

休閒活動太多的困擾

有一位朋友來找我，希望能得到鼓勵孩子讀書的方法，這個孩子馬上就要考高中了，焦急的父母為了要讓孩子能瞭解，這個考試對他有多麼重要，已經弄得關係很僵，父子成仇了。

我很奇怪，那個孩子不是很乖的嗎？怎麼會這樣呢？

於是我和朋友一起來檢討這個問題。

朋友告訴我，小孩的確很乖，每日上學、放學很正常。也沒有交上壞朋友，只是讀書提不起勁罷了。考試成績也很不理想。

我再詢問他們日常居家生活的情形，也是非常正常。平日上班、上課，到了周末假日，全家出遊，全省的遊樂區都跑遍了，國外也去了數次。目前鼓勵孩子考試的獎品已出價到上萬元的電動玩具，可是孩子還是考不好。

聽到這裡我恍然大悟，我告訴他：『不是小孩不好，也不是小孩的錯，是你們大人的問題！』

『爲什麼呢？我們做父母的對他這麼好，他還不好好讀書，這根本是他的錯！爲什麼你反倒說我的做父母的錯呢？』朋友氣急敗壞的質問著。

『爲什麼不是你們的錯呢？你們讓孩子片刻不得休息，上完課回來，假日又要外出旅遊，那裡留有時間給小孩讀書呢？』

『他可以在學校唸書呀！學校不是唸書的地方嗎？』

『小孩已經國三了，據我所知，國三的功課是很重的，一定常常有考試吧！學校裡是老師教課的時間，下課只有短短的休息時間，那裡夠來溫習功課的呢？不另外加把勁複習是不行的了！』

『居然是這樣啊！』朋友訝異的表情，好像對兒子學校的情形一無所知。

『你想想看，小孩子都是貪玩的，你家裡還有這麼多好玩的電動玩具。假日的前幾天便要策劃周日旅遊行程，小孩子那裡會有心情讀書？整日浮動的心，只能想著那裡好玩？什麼好玩？能夠安靜下來讀一會兒書嗎？而造成這個現象的就是你們父母，你們對孩子的溺愛，把好玩的都搬到他的眼前，引誘他，鼓勵他去玩，玩都玩不夠時間了，那有閒情唸書呢？接著做父母的又怨他考試考不好，不唸書了，這到底是誰的錯呢？』

朋友不語，低著頭思考著。

『真正要唸書，必須靜下心來。今日事，今日畢。把今天學到的東西弄通、記熟。萬一沒有弄懂，一天拖過一天，愈積愈多，程度愈來愈差，根本就會跟不上進度了。這種情況若再持續一、兩年，真是無從救起了。』

『學貴自習，須心心念念在上。學而不思則罔，思而不學則殆。』

就是這個道理了！

大家樂、大家不樂

有一回，在考季過後的一個下午，朋友所主持的社區活動，請我去參加，順便給社區裡的朋友們一些建議。

那是一個炎熱的下午，一些面色暗淡略帶憂愁的父母，希望我能告訴他們：爲什麼小孩唸書唸不好？怎樣才能讓小孩考上學校？

這是一個大問題！也不是一天兩天或是隨便談談便能解決問題。我深深的感覺到，今天在這個座談中，倘若沒有具體的方法，就會讓這麼多父母失望了，也辜負了朋友請我來的美意。

在進入會場的步道中，我跟朋友大致打聽了一下社區內民眾來往的關係。對這個社區中特有的狀況有一些瞭解。

這個社區中的居民，大致都相處不錯，職業各類都有，大都是做一些小生意、小工廠之類的生意人。而居民中最感興趣的，也就是最能維持情誼的，就是每週二、四的『大家樂』簽牌了。

大家樂是萬亂之源

『大家樂是萬亂之源。』我一直這麼認爲。也認爲找到了他們真正問題的所在。但是這些沉迷大家樂的父母們，能真正領悟同意我的觀點，而真心的遠離大家樂的誘惑嗎？

據我所知簽賭大家樂，剛開始都是覺得好玩開始的，看見別人在簽，自己忍不住也插一腳。這也很像抽煙、嚼檳榔，都是由好玩開始的，久而久之愈賭心愈大，就一發而不可收拾的，整個人都沉迷在每周

二、四定期發作的瘟病裡去了。

很多人都說『大家樂』不好，但到底有什麼不好呢？

『大家樂』的盟友甚至向我舉例，『大家樂』的好處有：可促進社會經濟繁榮。可增進友誼（像他們社區民眾）大家一起玩。中了獎有人請客大家都有得吃。中了獎大家都很快樂，全家人（父母、子女）可出國觀光等等。

從上述的觀點來看，我們知道舉凡『大家樂』的盟友都有一種相同的思維模式，就是：**只想到中獎的快樂。而無視於『摃龜』時的失落感**。他們也不認爲大家樂是賭博的一種。蠻好笑的是，他們口中對於『摃龜』時的狀況，常常就談起『投資報酬率』了。經濟學者口中常說的：『高風險的投資、報酬率自然高』的準則。在這裡成爲安慰他們投資失敗時的一帖良藥。等撫平傷口後，繼續冒險。

好了！有關大家樂的問題是好？是壞？不是今天我們的主題，就此打住！今天我們要談的問題是：

爲什麼小孩唸書唸不好？

怎樣才能讓小孩子考上好學校？

接著，我決定請這些父母的子女發表一些對他們父母的看法。

首先是一位三、四歲的小朋友說：

『我的爸爸和媽媽最好了，常常會買東西給我們吃，也會帶我們去動物園玩！……但是現在很久沒有去了……媽媽說要簽中了……才能去……』她神色扭怩的望著媽媽，又看看大家說。聽眾都笑了起來。

接著是一位十歲左右的小男孩，一付叛逆的神情說：

『我不喜歡大家樂！最討厭大家樂了！搞什麼嘛？每次要買東西，都說要等到簽中才能買。這輩子簽不中都不用買了？』他非常憤怒又一付不耐煩的樣子，說完就鑽到人群裡去了。有一個婦人追過去要打他，看樣子是他的母親。

第三位說話的，是一個看起來十分膽怯的國中生。

『我的父母親非常能幹，也很聰明，…只是再多一點時間陪我們就好了。…還有不要簽牌就好了…』他最後一句話『不要簽牌就好了！』說得非常快，說完也迅速鑽入小朋友群中。

接下來第四位、第五位、第六位……第十位子女級的小朋友，發表高論。總共有七位小朋友提及不喜歡大家樂簽牌。只有三位小朋友沒有談及此事，而是希望父母能帶他們去某某地方遊樂場玩耍的事。

由這些子女發表的感言中，其實已形同一個小小民意調查。這個調查的結論就是……子女們多半不喜歡自己的父母參與大家樂的簽牌活動。

於是我決定在這個社區中展開田野調查，瞭解一下大家樂對家庭成員子女的影響。另外，我和社區中的朋友約好，次一個禮拜，我將解答他們的謎題：爲什麼小孩讀不好書？考不上好學校？

大家樂不但影響家庭中的經濟，也左右家庭成員的情緒，更是戕害子女教育的黑手。

大家樂對子女教育的影響

經濟性的影響

很多父母因爲籌錢準備每星期二、四的大家樂下注資金。在日常生活裡節衣縮食，有時甚至影響到家中日常開銷，也影響到子女教育上所應該支出的費用。

例如本來在上才藝班學習音樂、美術、英文、陶藝等的課外輔導的費用，完全被刪除。子女若是成績不好，本來家長會另外給子女加強輔導的費用，亦被取消。

有部份父母甚至在中獎時，讓子女進入私立學校就讀，在多次損龜、經濟拮据時，而交不出龐大的私校學費。再讓子女轉回公立學校就讀，而造就子女在心理上的不平衡。

『非經濟性』的因素

1. 很多從事大家樂的父母，因太專注簽牌、算牌、問卜，與同好者交換情報資訊，而忽略了家庭中的生活品質，或是根本無暇注意子女的課業或行爲。

2. 在十賭九輸的情況下，每星期二、四這兩天即成爲家庭中的情緒焦灼日。父母要是贏了錢，便是普天同慶的日子。但大多數的時候，子女必須小心奕奕的觀察父母的臉色。因此大家樂開獎的日子，也是子女情緒焦灼的日子。

3. 因為上項焦灼情緒有延續性，故整個星期，到整個月，到整年，都是子女持續擁有這些情緒壓力的時候。

除非在父母簽中的時候，情緒才得以舒解一下，但數周後情緒的壓力又開始再度出現。子女一直是在被這種壓力重複壓縮下過日子，根本無法逃避，也無法將心緒專注於課業之上。

能拋開家庭困擾，自得其樂，自動自發專注學業的子女不是沒有，但非常少，絕大多數的子女無法幸免。

4. 父母因為忙碌及注意力無法集中在子女身上。根本沒有注意到子女的情緒變化。對於子女在課業上、生活上遇到的難題，也沒有加以關心。以致於子女在難題遇多了之後，跟不上進度，而產生怠惰感，對學業失去了信心。

5. 父母因為玩大家樂所產生的急功好利、好大喜功的心態，也影響子女的價值觀，會讓子女產生：『只要能賺錢就可以了，讀不讀書並不重要』。因此甚至於會排斥父母要他努力賺錢的觀點。

當我把會影響子女讀書的原因是『大家樂』，公佈給社區中的朋友時，許多人非常訝異。

『我從來不在他們面前談簽牌的事呀？』

『我們自己簽，跟他們又沒關係。我們在外面樓下某太太的家中簽牌。小孩子都在樓上唸書，他們聽也聽不到聲音，怎麼會影響到他們呢喃？』

一些做父母的朋友，七言八語不以爲然的說著。

不以善小而不為，不以惡小而為之。父母的每一個思緒或眼神都收入在孩子的心版上，隨時會再重複印記在自己的人生過程裡。

在一個家庭中，父母和子女是共同生活在同一個居處的人，任何人的情緒波動，都會影響到共同生活的每一個人。更何況是關係親密的父母子女呢？

最後的警告

倘若你還認為子女在你的生命中是重要的！

倘若你還認為子女的學業是重要的，你還肯付出心力來幫助他，幫助他尋找好老師來做課業輔導。幫助他尋找課業中的樂趣，幫助他選對人生的路。一切還來得及！

倘若你還覺得讀書是孩子自己的事，跟你沒有關係。你只要賺錢就好了。那就請你也不須要求太多，就這麼彼此糊塗過一生吧！

父母的問題不能轉成子女的問題

在少年與青少年的問題中，我們曾做過許多個案的訪談，結果發現在行爲有偏差的少年和青少年中，差不多都來自問題家庭。而父母敦厚，只是管理子女不當的個案較少，只有一、兩件。由此可見，少年及青少年所造成的社會問題，實則因家庭問題而肇因出現的。

以上這個結果和各相關機構所公佈之結果相同。而且這些問題少年及青少年多來自破碎家庭、單親家庭、或父母長期不和睦或父母之一方失蹤離家等等的原因。

也由上述這些原因，我們可以很清楚的瞭解到，希望子女能成功，能出人頭地的父母比比皆是，但能夠爲子女著想，爲子女和自己集聚善念來營造幸福和諧家庭的父母，卻不是人人可以做到的。

父母是影響子女成功的最大關鍵人物

在父母的問題中最常見的有一、感情問題。二、經濟問題。三、災難和死亡問題。

父母的感情問題常常影響到子女成長中的人格發展

由於現代社會的快速發展，工商業發達，人的價值觀也快速變化，現在人又較注重自我，很多人在自身內在與外在的雙重壓力下形成衝動的個性。離婚率高是現代社會中的明顯現象。

在沒有離婚、父母雙全的家庭中也充滿著，夫妻感情不睦、爭吵、打架等的婚姻暴力問題，和外遇問題，讓部份家庭岌岌可危，隨時有破碎的可能。

在我輔導的個案裡，就有一位國小五年級的美麗女生，因父親風流成性，父母離異後，家中的後母換了五、六個。這位父親又極其疼愛這個女兒，明知小孩無法接受後母的事實，就用金錢彌補她。國小五年級的小學生，口袋中常有大把鈔票，出手大方。會穿上萬元的皮衣皮裙，實爲罕見。

這位國小女生很有美術天分，又擅長漫畫，常常以漫畫的方式來諷刺她的父親和他的女人們，讓其父哭笑不得，還常誇自己女兒聰明。並且決定將來要女兒送到外國習畫，一展長才。

在這種狀況下，這種國小女生對女性有很大的仇視感，除了自己和她親生的母親是崇高純潔的女人外，其他的女人在她的眼中都是不潔下賤的人。

警察在一次巡邏中，無意中發現這位國小女生正和一群半大不小的國中生在KTV中看A片。於是將她轉來我們的輔導機構做輔導。

很多父母往往認為感情的聚散只是大人們的問題，與小孩無關。但是父母是子女最親近的人，也是子女學習的榜樣，倘若在很小的年齡就失去對父母的信心，對家庭產生不安全，不確定的感覺，子女的一生也多毀在這些父母手中。

雖然某些人依然會認為成功的人，還不是多來自有磨難的家庭，在艱苦中成長。但是這種在逆流中成長致勝的人，必竟是少數，絕大多的少年與青少年都會被逆流淹沒的。

因此父母必需多注意自己人格的成熟與情感的理智性。不要因為自己的放蕩形骸，來禍延子孫，造成另一個的不幸。

父母的經濟問題也常影響到子女成長過程的完整性

我們常在很多報章雜誌上看到，許多歌星都是從十幾歲的年紀，要負擔家計，而不得早早離開主流的教育，從事走唱生涯的。

台灣的雛妓問題也是因爲這些天真純潔的少女們被其有卑鄙齷齪思想觀念的父母，視同貨物似的賣入火坑。這些少女也是長期重男輕女觀念的犧牲品。

我們不禁要問：這些父母到底如何爲人父母的？到底他們對自身的看法又是如何？這種類似豬羊的販賣方式，可見其父母對自己的評價也不高。

子女是父母人生中的寶貝，正因爲有了這些子女，做父母的人在一生中才感覺人生的完整，沒有遺憾。但是父母若沒有盡到自己的責任而不好好的經營自己的家庭與子女的幸福，這實在也是踐踏了這『父母』

二字的天賜美名。

父母常因災難和死亡的問題影響到子女的成長教育

有一些不幸的家庭中，常會因爲父母發生傷殘、車禍、精神疾病，突發的重大疾病，而家庭落入困頓境況。這些不幸往往都是人生無常裡的劫數，某些不幸是無法事先預防而發生的，也不是這些不幸家庭中的父母所願意發生的事情。雖然這種不幸會造成家庭經濟的困難，子女得不到良好的照顧與扶持，影響到子女的成長教育。

目前有許多慈善機構願意伸出援手，給這些不幸家庭做救援行動。生長在不幸家庭中的子女也可得到再出發的助力，奮力脫出苦海，雖然人生的路辛苦崎嶇一點，只要有志氣、肯努力，都有奮發登上成功高峰的一天。

由上述的討論中，我們可以發現，除了災難、死亡的問題，是父母不能掌握的之外。感情、經濟的問題，實則是父母的問題，我們爲人父母的人，若不能堅守道德，施展愛心來真心的關懷子女們切身的需要，我們如何還能要求子女要有出色的成就？我們如何還能說得出我們是如何來愛他們的呢？

『知識障』的嚴重錯誤

某些父母常常因爲自己是『知識份子』，是有學問的人，常以固執的心態，否定掉自己不喜歡的事情，而反對子女去從事發展，影響子女邁向成功的契機。

有一位朋友在幼年時，非常喜歡繪畫，勞作也做得很好。但是父母卻認爲『畫畫』的將來會沒有出息，會餓飯吃不飽，因此很反對孩子有這方面興趣。結果這些朋友在幼年的環境裡：就連學校的繪畫、勞作課業都必需偷偷的完成才能交功課，這不但讓他沒有辦法好好的把這門功課做好，也斷送了他繪畫藝術的天份。

時至今日；這種狀況依舊存在著。有些父母對喜歡歌唱、跳舞的子女，加以限制，耽心他們未來的出路只會變成歌星、舞女。殊不知歌唱、舞蹈的藝術形式還有更高更深的層次。人若努力，又是在自己興趣催動的努力下，其成就可能會更超越至帶領人類文化進入新紀元的境地。因此我們也可瞭解到，以知識作藉口的『知識障』也將成爲對子女前途極具殺傷力的利劍了。

如此也更讓我們考慮到，如果受教育的結果，只是讓一個人不敢創新突破，不敢夢想成功，不敢自由翱翔，劃地自限，那教育的本質就禁錮在黑暗無底的深淵之中，無法找到更多的機會。

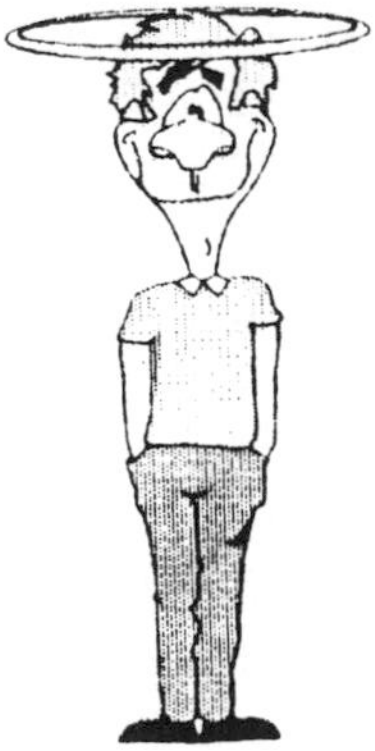

教導子女危機預測與危機處理的方法

危機中的險惡部份，通常充滿了不確定性、危險性、時間性、互動性和複雜性。我們要能把握每一個偶發事件中短暫的時刻來處置危機事件，使其由危險性轉變成中性或良性的互動。危機處理，就算成功了。

人一生的危機有許多的種類，也有許多的層次。有些危機是早已就存在的，有些是可以預見。有些則是突發性或偶發性的問題。這些問題在父母本身都算是重要的學習課題，何況是身處現代叢林的莘莘學子，因此和子女一同討論危機意識和處理危機的方法是有極其必要的。

當子女在二、三歲的幼兒期時，我們在外出之前，都會把孩子的姓名、家中的電話、地址寫成小卡片，放在幼兒的口袋裡。我們也常教導年幼的子女背頌自己家的電話號碼與住址門牌號碼，這種種的準備都是在做預防幼兒遺失時的工作。

孩子稍為大一點了，就教他一些不要和陌生人說話，以及家中電器類的危險常識。較大型的危機仍然由父母處理。

在人類的危機中，真正最大最險惡的，莫過於受傷和生命受到威脅。人若失去了生命，一切的價值都歸於零。因此，其他有關事業、學業、感情、金錢的危險在生命的大前題下變得微不足道。

處理危機的心態

不可抱有推諉、漠視的態度

我們常看到一些人處理事情，往往將責任推到別人身上，甚至於在某些團體中，某些人爲求自保，而共同諉過給一個人，這種現象時常發生。

某些人一向服膺大事化小、小事化無的心態，只求擺平，會有不真正去解決問題的怪想法。前後兩者都會讓危機出現二次危機的困難情形，或爆發更大的危機而一發難以收拾，製造了更多的困難。

危機亦可能成為轉機

在正常的處理經驗裡，危機並不一定等於壞事。在處理危機的緊張時刻裡，有些人會罵人、打人、摔東西，做一些鄙俗的動作。但某些人會全神貫注的思考。智慧在緊繃的腦海裡激盪，有時會蹦出影響生命歷程的火花，從此危機成爲轉機，也可能就此一帆風順。很多人都曾有這種經驗。因此危機不一定不好，好的是「靈機一動」的應變能力。

危機最有效的方法仍是速戰速決

很多人在處理危機時，東想西想、三心兩意，因爲沒有時間可以做長期的考慮，否則也稱不上『危機』，只能稱做『問題』了。任何危機都是迫在眉睫，無法等待的，在此時只有立刻拿出方法，硬碰硬的上陣拼鬥。速戰速決就是致勝的關鍵了。就像遇到火災，你還不趕快請消防隊來，不趕快澆水滅火，難道你還想做好佈陣攻守的戰略圖，再來滅火嗎？

拖延戰術也是處理危機的方式之一

拖延戰術通常用在與惡徒相鬥，或是本身就不願解決的事務上，比較常見人類運用的此種方法多用在財務有困難的時候。但是真正與惡徒相持不下，形成賊強我弱的時候，拖延戰術將時間拉長，也成爲處理事件的好方法之一。

學習日常急救，自助助人來解決危機

安全教育與緊急救護訓練，不但是每一個成人應該學習，在目前的國小教育中也有部份教授了。這是一個非常好的訓練，我們也應該讓子女能接觸學習到。

在人生中有許多的無常，生、老、病、死仍是人類生命中的大事，也隨時會顯現危機，倘若我們的子女都學習準備這些日常急救的知識，不但是他個人的福氣，也是家人的福氣，自助助人，有備無患。

第五章

興趣與讀書相輔相成

第五章

讀書從利用興趣開始

當我在學校授課時，常觀察那些總是打呵欠，總是低頭夢周公，以及上課不專心，喜歡私底下做自己的事或小聲和鄰座同學聊天講話 旁若無人的這些學生。在下課後，我常會慢一點走出課室，而和其中的一、兩位學生交談。剛開始，自然被特別關注的學生會尷尬忸怩，不知如何是好。其實我並不是要去責怪他，而是要做一個實驗。

我常覺得，其實這些對上課不專心的小孩，通常是對很多事都不感興趣的。通常他們也沒有任何才藝可表現，久而久之只是混在別的同學的隊伍中，一起混畢業吧！而且這些學生成績也不好，對分數更不在意。有些甚至重修一門課到三次以上了，還是吊兒啷噹，不當一回事。

我首先對一位上課愛睡覺的同事表示關心，這位男同學很瘦，精神很差，腰部很細，站立時好像邀會隨時斷掉一樣！

我對他說：『你好像身體不好，須要補一補了。』

他很尷尬的一直扭動搖擺著身體，不發一語。

『不過，還是要打起精神上課，不然這學期恐怕也不太好』我對他說。

『我就是不喜歡唸書！一唸書就想睡覺，沒法控制！』他獨自嘟嘟囔囔的說。

喔！我知道了！又是一個讀書恐懼症的小孩。

『除了不喜歡唸書，但有沒有還是想畢業，或想考試考好一點的想法呢？』我問他。

『當然有！我也想考試考好一點，但就是沒辦法！』

這時候旁邊有很多同學擠過來，伸著腦袋想聽聽我們聊些什麼。

『還是有辦法的啦！你想不想知道？』

『嗚…他一臉茫然的樣子。同學們從後面推擠著他，他也有些尷尬』，『可以呀…』他勉強回答說。

『你的興趣是什麼？』我話鋒一轉的問道。

『沒有…』他滿臉茫然的回答。

『再想想…』我鼓勵他說。

『漫畫…漫畫…』他身後的同學小聲的提醒他。

『也可以說是漫畫啦！…』他終於認同了此項興趣。『好！終於有漫畫這項興趣了！你就可以利用漫畫來好好唸書了』。

『啊！』大家都有些驚訝！

『現在你那門功課最差？』，『沒關係！請老實說，就可以從那門功課開始改善。只要一門功課成功改善了，其他的功課也可如法改善，只要稍微肯努力一下，一學期下來會改善很多，說不定馬上就能成爲中等程度，再一學期就能進入高等程度的同學了，想不想知道方法？』

『真的嗎？會有那麼奇妙嗎？』他不可置信的問。

『可以！真的可以！』

『真的可以嗎？好！那我現在英文、國文都很差，那要怎麼辦？』

這位同學終於漸漸走進我進行遊說的模式之中了。

『你很喜歡漫畫，所以很多漫畫主角你都很熟悉，像《火影忍者》中的漩渦鳴人、拉羅托、天才忍者、宇智波佐助和活力小女忍者春野櫻，像《驅魔少年》裡的千年伯爵、黑色教團、除魔師。作者星野貴惡魔與神的使者之間的拉鋸戰組成的一個黑色神秘的劇集。

你知道漫畫家蔡志忠嗎？他把孔子、孟子、老子、《倫語》，都畫成漫畫，不是非常有趣？現在還畫了一些佛教的經典。

『那你喜歡漫畫，也看了很多漫畫，是否自己也會畫一些呢？』

『嗯…我有試著畫一些，像學《飛輪少年》或《吸血鬼騎士》中的圖畫。』

這時旁邊的同學起哄推著他鬧著玩：『老師！他畫的很好耶！』

『喔！什麼時候帶來也讓我參觀一下！』

『明天！明天就可帶來！』

『好！好！明天來看！』不過，我先說用漫畫讀書的方法。

『既然你也會畫，那就再好也不過了！你可以把書上的一電要記憶好文字，把他編一段小劇情，用編劇的方法，把要背的書編進去，枯躁的文字有了小段的劇情，就容易記得了。下次你只要想起那段小劇情，自己就背得出來那段文字了。小劇情只是一個符號，幫它想一段有趣好笑的劇情，隨便編上一段，有了故事性再把文字放進去，全部都會變得有趣多了，要不要試試看？將來說不定你會成爲有名的大編劇呢！』

這位同學眼睛閃著亮光，津津有味的聽著，彷彿腦海中已有了故事的藍圖，已能開始實驗了一般。

『那：老師！英文要怎樣背單字，和唸文法呢？這些有辦法用漫畫來唸嗎？』

『那當然可以啦！那更簡單了！由其背英文單字，就在英文單字下畫一個該字義的一個簡圖、小圖，多畫幾次就會了。唸文法，就是把很多簡圖背起來或連起來，排成一列火車就可以了。背片語，可把大致的意思畫出來或是用小圖跟小圖加起來，連成一串就可以了。』

這位同學沉思了一下。說：『好！老師！我回去用你的辦法唸唸看，如果可以，我會來好好謝謝老師的！』

『不用客氣！老師就是要幫忙同學找到讀書的方法的！這是老師該做的事，希望能對你們有益！』

期終考的時候，這位同學果然很多科功課都過關。雖然成績都在七十多分，跟他們班導師說：『真奇怪！那一批令人頭痛的學生，這一次不知是吃了什麼藥？居然紅字都減少了！也讓他們班的平均分數增高了，擠進好班的行列中。長期敬陪來座的班級，真是太令人意外了！』

第二個學期開學的第一天，我一早到學校開會，居然在校門口有一位同學已經在等我了。這位同學我沒見過，想必是我沒教過的學生。他非常有禮貌的，想請我抽出時間能和談一下。我們相約在同學會之後。

這位同學是聽說我教喜歡漫畫的同學，用漫畫來讀書之後，想來考我，他和興趣是打籃球，又要如何用這項興趣來唸書呢？

我說：『這也是簡單的事，就看你做不做而已啦！』

他表示他也是不愛唸書一族，父母為他很頭痛，可是他真是看到書本就睏了，實在沒心唸書，是不是有一面玩球一面唸書的方法呢？

當然有，也當然可以囉！

我請他把課本帶到籃球場邊。看一下，背一個英文單字，再去投一個球，一定要背一個單字，才能投一球。單字忘記了，就必須去重看書本，把拼音及字冊看清楚再多唸幾遍，再去投球。如果要和別的同學練習『防守』，也要背個一、兩句。再練一、兩個回合。如此一來，一個小時下來，總是背了十個到二十個莫之生字了。表面上看起來是很慢，但實際上比以前好。因為以前根本不唸書，只是胡亂混日子而已。現在他想要畢業卻很擔心畢不了業的問題。我讓他先試一個禮拜看看，如果不行，再想別的辦法。

第二個星期他沒來找我。第三個星期我在校園中遇見他，他正拿著書一面跳繩，一面背書。

我問他：『唉！你怎麼是在用跳繩來唸書？怎麼沒用籃球來唸書了呢？』

他說：『是啊！我現在用一面跳繩，一面背書，感覺很好，背得很快，也有節奏感。以前，我帶著書去籃球場，背一個生字，投一個球。球場上的同伴都糗我說：那麼愛唸書，爲何不回家去唸？幹嘛還假用功來球場上唸書呀？現在我用跳繩一面跳一面唸，可以到人少的地方自己唸，反而圖個清靜，又能記得快一些。喔！原來如此！可見這個人真的有改變了，會自己主動去摸書背書，真不容易呀！』

我很早就發現：有一些學生不喜歡唸書的原因，是他們的心和身體很難平靜下來。這顆躍動的心，總是莽莽撞撞的關心自己周圍環境中的變化，就連他們的大腦也彷彿生銹了一般，也不想來多想記憶一些東西。因此好動的他們，動的時候很活潑，但靜的時候，便頭腦昏昏想睡覺了。有時候他們也想多唸一些書，但心和身體根本靜不下來，常被父母師長責備，有時候因爲功課太差，也會被列入壞學生之列，如果沒有人幫助他們，他們可能真的將來會變成大學畢業了，但背之單字及工作就業就會都沒著落了。

父母應和子女一起培養多種興趣

有一回我在課堂上問學生的興趣時，竟有近半數的學生表示他們並沒有什麼特殊的興趣。問道他們在假日時會出去走走嗎？很多人也搖頭說沒有接。問道他們常運動嗎？也只有一半的人會運動，而且大部份是男生，女生較少運動。這讓我很驚駭一個問題：到底現在好學生怎麼了？

有些學生告訴我，他成天掛在網上，和朋友聊天，或逛逛別人的部落格什麼的，但和父母很少互動，有時父母太忙，根本沒時間顧小孩的三餐，小孩會自己出去打工，自己買吃了，想想這些小孩真是太可憐了！

有位學生告訴我，他的父母的興趣就是賺錢，每天忙忙碌碌，但做什麼就賠什麼，最後賠到連他和弟弟都要寄養到別人家中，現在他已唸大學了，可以自己打工賺生活費與學費，但還要養弟弟，所以有時間他就打工，根本沒時間談興趣了。像這種案例，我們對他寄養與同情，希望他的爸媽早日認清事實，找一個固定的工作，負起做父母的責任照顧子女。

由此我發覺到：窮的人家也許覺得『興趣』是奢侈的東西。生活過得去的人家有時也會覺得『興趣』是多餘的東西。但『興趣』真正是人可以賴以維生，或是人生在世，活著的目標之一，而且父母的很多興趣會影響和傳承給子女，也能造就未來傑出的人才。例如：名畫家張大千先生的母親很喜歡畫畫，大千先生自幼耳濡目染，自然練就一身繪畫的好功夫底子，未來也成爲他在中國畫壇立功、立業的終身職志。另一個例子是現在正因緋聞案火紅的高爾夫名將老虎伍茲。其父母是美國老兵和泰國女性結合的異國戀情，但老虎伍茲的父親很喜歡打高爾夫球，又覺得自己的兒子很有此天份，因此全力栽培他。三歲就打高爾夫球，五歲、七歲就得獎了。高爾夫球成爲他們一家人的興趣。他們終日待在球場上、比賽場上，終於把老虎伍茲捧上年薪數千萬之美金的燦爛球星。也成爲富人之一。

在我自己的父母中，母親是位興趣廣泛、又多元化的人。喜歡看小說、古典小說、繪畫、音樂等，由其喜歡用傳統方式過節慶。過年、過節都十分講究，所以她一年到頭都忙不完。而且也讓我和我的兄弟姐妹對每個節氣與節日如過年、元宵、清明、端午、中元、中秋、重陽、冬至、臘八、立春等等，都非常有趣，記憶深刻。過年會花好幾個月來準備或打掃、祭祖、採買都非常隆重。元宵節一定會自家包元宵，誰吃到有銅板的元宵，另外還有一個紅包，祝賀他今年一年都得到好運。元宵節的晚上有猜燈謎的活動。以前不但電視上會轉播多處地點的燈謎時況。母親也會親自做燈謎或讓我們兄弟姐妹也參與做燈謎，讓別人猜，並要準備禮物送給猜中的人，因此元宵節也十分熱鬧。清平是慎終追遠的日子，要到老家拜拜，全家必定要到。端午節的粽子、艾草、雄黃酒、許仙與白蛇、法海的故事都是不可少的。中元節會拜拜又很忙。中秋節會和祖父母及親戚一起過，吃月餅、賞月，聽長輩們輪流說故事。聽父親和舅舅們說當兵時的趣事。重陽節會登高，全家去爬山，也是跟老爺會去參加祖父母的聚會。冬至要吃湯圓及感覺，這一年中最短一日的日光。臘八是農曆十二月八號，會吃臘八粥。這是我們子女等了一年最好吃的粥，非常開心。立春時，母親和我們大家會練毛筆字，寫出『立春』及單一個『春』字，，然後將其倒過來貼在牆上，表示春到了。你看！這一年十個節日，再加上政府明定的例假日，哇！這年有多忙呀！所以我們每天都有數不完的有趣的事要等著做，真是沒有時間煩惱及無聊的呢！而且，這些有趣的事永遠迴繞在我們兄弟姐妹的腦海中，那份幸福的滋味也常存心中。

教育從陪伴開始

多年前，有一位世交的姐姐從巴西回國，因爲她們已移民巴西多年了，希望與我及家人見面敘舊。宴席間，有一個聲音嘶啞，但又不停活動，吵鬧的小女孩一直騷擾，常中斷我們席間的談話。那個小女孩一直不停的，有時鑽入桌下，抓別人的腿腳，有時繞著我們的餐桌跑，又不時的抓客人的衣服、領子，極盡騷擾之能事。這位姐姐和姐夫非常尷尬，一直斥喝小女孩。這個小女孩是他們的女兒。

當大家問起：爲何小女孩的聲音會如此嘶啞時，姐姐無奈的說，他們在巴西忙著做生意，把小女孩給傭人照顧，小女孩脾氣壞，愛哭就一直嘶叫，稍一不如意也嘶聲叫喊，因此她聲帶給叫壞了。而且後還來變本加厲，現在真像個野人泰山一樣，常把周圍環境當做山林野地，不時的跑來跑去靜不下來，高興時大笑，也發出喉喉的聲音，不像人的笑聲。如此看來真有點像是穿了衣服的小動物一般。我看到這個小孩真覺得非常可憐！我想這個小女孩是不是現在已經有些輕微的精神疾病了呢？姐姐後來又生了一個兒子，可是境遇大不同。姐姐每天帶著兒子到店中上班，親自照顧，兒子就聰明可愛，十分得人緣。這真是命運不一樣啊！

小孩子的成長期間是需要父母陪伴的。以我自己來說，在我的子女的幼兒期至上小學的時候，以及升上國中，以及考大學的階段，大致有三、四個階段，我是放棄工作，在家陪公子、小姐讀書的。如此一來小孩知道你重視他，在學習上如果他有什麼困難，也能及早得到解決，因此功課一直保持在一、二名的水準。當時我是這麼想的！我們所住的是首善之區，其中有數千所小學、中學、高中，必須成績在前一、二名的水準，以整個市來說，可能是七、八千名以內的人，才能上得了有名的大學。而要成爲前七、八千名以內的人才，必須小學、國中，高中的成績都不差才行。因此便決心與小孩一同努力、一起讀書了。

讀書有時是一個粗糙的工作。尤其是唸教科書！孩子小時常會不耐煩，常會問：『我爲什麼要唸這個？』尤其是在功課上遇到挫折時，反叛力特強。做父母的耐心的解釋說：『要學這個呀！這是訓練你的思考邏輯，讓你腦子更聰明！』孩子又問：『什麼是更聰明？我現在就很聰明啦！幹嘛要更聰明？』這時會有很多父母有很多種的答案。例如：有些父母會說：『你那裡會很聰明？什麼都不知道，會說自己聰明！』孩子很不服氣的看著父母。例如有些父母會說：『你這麼笨！還算聰明？』這樣直接傷害了孩子的自尊心，後果會更糟！

有一些EQ比較好的父母會說：『是啊！你現在已很聰明了，但是這個問題還沒弄懂，所以還差一點到最聰明，只要這個問題弄明白了，便就是最聰明的人啦！』這時候這個小孩可能較會臣服的去好好學習，把他的問題解決。但要是有些小孩一付無所謂的樣子，不聰明也沒關係，完全不想去弄懂功課上的問題，你就要緊張對策了！

小孩子在成長過程中會遇到許許多多，類似以上功課上的問題、人際關係，如和老師、長輩的相處關係，和同學、同伴的相處關係、男女有別的相處關係，以及不熟識的、校內外侵擾的關係。要是有父母的陪伴，小孩卻會成爲滿懷希望及有陽光思想、又有衝勁的人。因爲少遇困難，而前途平坦，容易打拼的結果。

但是如果小孩是從小孤軍奮戰的，父母無法陪伴的人，則遇到問題不論是功課上的、或是人際關係上的、生活上的，都會倍感艱辛。你想想看，那麼小的孩子要解決這複雜的，幾乎連成人卻不易解決的問題，是不是非常辛苦？又如何能解決的好？

最近，新聞中有位藝人陳凱倫的兒子流入黑道。這個新聞應該是給天下父母當頭棒喝了吧！兒子的父親整天忙於工作，但母親沒工作，是個會陪伴孩子成長的人。但是光陪伴，沒有在早期發現子女的偏差行爲而糾正，這就是教育失敗的原因。我們從鏡頭上看到陳凱倫向法官下跪，希望法官開恩讓兒子回家過年的鏡頭。表面上這是位慈愛的父親，愛子心切，但也可能正因爲是愛之深則以實之。本身太𢤱愛的結果，只有無教、父母太懦弱，徒增社會一個敗類。其實陳凱倫也應對社會大衆有一個道歉的！大家都讀過《周虎除三害》的故事。希望有一天這個兒子自己也能效法周處，皤然醒悟，這就是現今社會和他們陳氏家族之大幸了！

教育不但是要從陪伴開始的，也需要父母有足夠的知識幫子女解決一些他們環境中切身的問題才行。否則也只多了一對像前述的父母而已。目前也有許多機構會幫忙處理上述校園暴力、不當體罰，學生在學校中受傷等的問題。有很多社福團體也會給予支援，如果有需要的父母可多尋找幫助來利用，也不要讓自己的子女孤軍奮鬥，辛苦的生存，我想：和子女站在一起，一同迎接燦爛的日子，就是最好的教育子女的方法了。

現代的家庭以小家庭居多，很多是雙薪家庭。父母忙碌顧不到小孩，父母與小孩也很疏離。但是要有心，我想還是可以出時間和方法製造與子女間美妙的回憶，說不定你和子女間共同培養的興趣，就能成爲他日後發展的成功關鍵呢！

前些時候，我在爲一個外國雜誌寫有關中國節日慶典的文章時，就把這些我幼年所感受到的幸福滋味都寫進去了。那位外國老編說：想不到中國節日還有這麼多有趣，又有人情味的內容。我說，當然囉！中國人就是以家庭爲凝聚力的民族。人與人之間的親密感也就是創造幸福與人生樂趣的泉源。

第六章

敢於夢想的父母

敢於夢想的父母

在嬰兒出生，小生命才開始在這個世界展露拳腳的時候，剛升格做父母的人們，確實對愛子愛女的未來抱有極大的夢想。可是教育的時間，經歷漫長，父母們的夢想也逐漸痲木了。教育是一件『二十年的馬拉松』，中途稍作休息停頓都會對子女的將來，產生重大的影響。

一個真正有企圖心，要將子女推上成功寶座的父母，是從來不懈怠稍停於執行夢想的實際動作的。

實行夢想的母親

很早以前，我就曾經聽到一個故事：一個女人帶著五個孩子到台灣來，在辛苦的歲月裡，把他們撫養成人，而且每一個子女都很有成就。這位母親，就是高信潭先生的母親。

這個故事很讓我感動，我一直在想，是什麼力量讓這位母親這麼堅強呢？教育子女不是件簡單的事，有些父母連一位子女都教養不好，何況是五位子女的教養責任。因此我覺得這位母親不但擁有高的智慧勇氣，也一定是位敢於夢想的母親。最近高氏兄弟出了一本紀念母親的書，書名叫『春風』，我們可以在書中尋找到這位偉大母親的智慧與夢想。

很多父母看到別人子女有成就時，常會說：

『那也要擁有成材的子女呀！』

這好像把教育子女當做廚師手中的作料，倘若作料不好不道地，便無法做出名菜佳餚似的。在我覺得，這是一種推卸責任的藉口。我曾經在前面章節中提到，在高中高職的榜首中有一位腦性麻痺的學生。這位拿殘障手冊的子女算不算成材的子女呢？

因此父母不可以把教育子女的責任隨意推諉給配偶的一方式老師或子女自己。身爲父親或母親的人，就像『天賦人權』一般的，有了生育權便必得背負起教育的責任，一生都不能逃避、塞責。

父母對於子女未來成就的夢想，有時候也不可流於空洞化

某些父母常對子女說，希望子女將來很有錢，買名車豪宅來孝敬父

母，灌輸子女得到金錢就代表『成功』與『成就』的思想。一切形成『功利化』的教育模式。相對的，金錢上不夠富有的人，就形成不成功，沒有成就，也沒有孝順可言的人生。因此我們可以在眾多媒體上經常看到，許多藝人在功成名就之際，

都是宣揚自己如何買房子給父母，買名車給父母，來表達自己的孝思。

實際上，我們深切的瞭解，父母最需要的是晨昏定省、家人陪伴的快樂。由此可見，許多父母品嚐後段空虛寂寞的歲月，實在緣起於先前往『功利化』的教育所致。

我們要如何的實踐我們做父母之對於子女的夢想於『恰到好處？』實則取決於父母的智慧了。

有智慧的父母，會對子女未來成就的夢想，做預先的規劃。並且考慮其可行性。

有智慧的父母，會對子女未來成就的夢想，確實去執行。

有智慧的父母，在子女未來成就的競爭中，也會成為史上最大贏家。

各位親愛的父母們，父母要有膽量啊！做一位敢於夢想的父母吧！

『成功教育法』的沙盤演練

在從事子女教育裡的過程裡，本身就是一個生動有趣，高潮迭起的人生訓練營，父母與子女兩代人一起在這個訓練營中受訓練，一同體會人生戰場的對調景象。

每走一步，又是一個新的體驗與學習，每走一步又是一個驚嘆與歡呼，沒有任何一個父母是生來就會做『成功者的父母的』。

在『成功教育法』的實驗與沙盤推練中，我們一點一滴的累積起經驗，並且更明亮了我們的『心眼』，然而更能看到原來有許多遺漏的，沒有發現到的關鍵，再一步一步的修正。**因此我們可以說，真正『成功教育法』的籌碼及方法都是我們『做父母的』親手所創造出來的。『沙盤推練』也是製作籌碼最好的方法。**

成功教育的不二法門就是『永遠的學習』

教育子女沒有特定的教科書，沒有補習班。沒有成功的準則。我們都在社會大學裡歷經歷練而來。

社會大學裡的是非、道德、知識、智慧，都不是每一位父母都能學得懂，學得通的因此產生了很大的差異。

但是，親愛的父母們，**培養成功的子女，是有一定的準則的。它就是永遠不斷虛心學習，永遠不斷的誠心實驗，永遠不斷修正錯誤，永遠不斷的付出關愛，永遠不斷的經營子女的前途。**

真實的人生，就在兼顧事業、家庭、健康、子女，以及永遠的學習中一路展開，快快樂樂的到達終點，劃下完美的句點。

國家圖書館出版品預行編目資料

一級棒父母v.s.一級棒子女：創造成功者的親子教育法則／袁光明著，--臺北市：金星出版：紅螞蟻總經銷，2010.03

[民99年] 第1版　面；　公分--（幸福生活智慧叢書：01）

ISBN: 978-986-6441-15-8 (平裝)

1.親職教育　2.父母

528.2　　　　99002954

一級棒父母 v.s. 一級棒子女

作　　者：袁光明著
發 行 人：袁光明
社　　長：袁靜石
編　　輯：王璟琪
總 經 理：袁玉成
地址：台北市南京東路3段201號3樓
電話：886-2--25630620●886-2-2755-0850
FAX：886-2705-1505
郵政劃撥：18912942金星出版社帳戶
總 經 銷：紅螞蟻圖書有限公司
地　　址：台北市內湖區舊宗路二段121巷28・32號4樓
電　　話：(02)27953656(代表號)
網　　址：http://www.venusco555.com
E-mail　：venusco@pchome.com.tw
venusco555@163.com

版　　次：2010年3月第1版
登 記 證：行政院新聞局局版北市業字第653號
法律顧問：郭啟疆律師
定　　價：300　元

行政院新聞局局版北字業字第 653 號

ISBN：978-986-6441-15-8 （平裝）